\\ こんなときどうする!? // PART2

社会保険・給与計算

"困った"に備える
見直し・確認の具体例20

社会保険労務士法人 名南経営
特定社会保険労務士

宮武貴美 著 TAKAMI MIYATAKE

労務行政

はじめに

　姉妹書である『こんなときどうする!?社会保険・給与計算 ミスしたときの対処法と防止策30』を出版してから2年半が経ちました。姉妹書では"ミスをしないことは重要なものの、ミスをした後の対応とその再発防止策はより重要"という思いで執筆しました。一方、現場では、ミスまで行かずとも、「こういったことが起こった際には、どのように対処すればよいのか？」という、これまで経験していない事象が発生し不安や戸惑いを感じ、さまざまなことを調べる場面も少なくないでしょう。

　第2弾となる本書では、人事労務管理を担当する方のこのような不安や戸惑いを感じるであろう20個の具体的ケースを取り上げ、そのケースの基本事項と、対応のポイントをまとめました。「社会保険」「給与計算」というタイトルがついていますが、多くのケースは労働法と切り離せない関係にあることから関連知識も盛り込みました。さらに、どのケースから読んでいただいても理解できるように、繰り返しになるものの、ケースごとに基本事項をおさえることにしています。

　今回、本書を手に取り開いていただくことで、「何から手をつけてよいのかわからない」といった不安や戸惑いが少しでも解消され、実務を進める上での手掛かりになれば、著者としてこの上ない喜びを感じます。

　最後に、本書を書き上げるに当たって、仔細まで確認をしてくれた同僚で社労士の小浜ますみさん、税務面で支援いただいた税理士の平野勝志先生、くじけそうになる心を励ましてくださった編集の川津元洋さんには厚くお礼を申し上げます。ありがとうございました。

2021年3月

社会保険労務士法人名南経営

特定社会保険労務士　宮武貴美

※本書は、2021年1月末現在の法令に基づき解説しています。

こんなときどうする!? PART2
社会保険・給与計算
"困った"に備える
見直し・確認の具体例 20

第 **1** 章
こんなときどうする!?
内定・入社

第 **2** 章
こんなときどうする!?
休業・休職、事業所廃止

こんなときどうする⁉
退職・定年

こんなときどうする⁉
その他

※健康保険については、協会けんぽ（全国健康保険協会）への加入を前提に解説しています。

ご購入者特典

本書をご購入いただくと、確実に業務を進めるためのチェックリストや社内書式（ファイル）がダウンロードできます。

収録されている図表のうち左記のマークが付いているものについて、WEB サイトからダウンロードしてください。

ダウンロードの方法について

労政時報オンラインストア（**https://www.rosei.jp/store**）トップページのオンラインストアメニュー＞書籍＞**ご購入者特典ダウンロード集**より、ご利用いただけます。

画面の案内に従って、パスワードを入力してください。

ご購入者特典をご利用いただくには会員登録が必要になります。

なお、本ダウンロードサービスは、予告なく終了する場合がございます。

ご購入者特典　パスワード

3 a 8 2 R h t

第 **1** 章

\\ こんなときどうする!? //

内定・入社

CASE 1 パートタイマーやアルバイトを 初めて採用するのだが……

Q A社では、正社員より勤務時間の短い、パートタイマーと学生アルバイトを初めて雇うことになりました。これまでは正社員しか採用してこなかったのですが、労務管理上、パートタイマーやアルバイトについてどのような対応をすればよいのでしょうか。

A パートタイム労働者やアルバイトであっても、労働基準法においては労働者に変わりありません。ただし、短時間や有期雇用の労働者のみに適用される法律もあり、社会保険の適用にも基準が設けられています。

これだけは押さえたい！

　正社員、契約社員、嘱託社員、パートタイマー、アルバイト等、会社で直接雇用される労働者の呼称はさまざまあり、会社の事情等によって異なります。

　これら呼称にかかわらず、直接雇用される人をすべて「労働者」と定義して労働基準法が適用されます。また、正社員より所定労働時間が短い人や、契約期間に定めがある有期契約の人には、パートタイム・有期雇用労働法（短時間労働者及び有期雇用労働者の雇用管理の改善等に関する法律）も適用されます。

　社会保険では、所定労働時間をはじめとした一定の要件によって被保険者となるかどうかが分かれます。正社員以外の呼称を設け、正社員とは別の雇用形態の従業員を雇い入れるときには、その雇用形態における役割や各種労働条件を明確にしておくことが求められます。

押さえておきたい基本事項と留意点

このケースでは、正社員より勤務時間の短いパートタイマーと学生アルバイトを雇うとのことから、説明上、**CASE1** では「パートタイム労働者」に表記を統一することにします。

1 社会保険の取り扱い

[1] 健康保険・厚生年金保険の加入要件

社会保険（健康保険・厚生年金保険）は、パートタイム労働者であっても 1 週間の所定労働時間数および 1 カ月の所定労働日数が正社員の 4 分の 3 以上（以下、4 分の 3 基準）であれば被保険者となります。さらに特定適用事業所（社会保険の適用事業所のうち、厚生年金保険の被保険者数が 501 人以上の事業所）や任意特定適用事業所（厚生年金保険の被保険者数が 500 人以下で労使合意に基づき短時間労働者も社会保険に加入することとなった事業所）においては、4 分の 3 基準を満たしていなくても、1 週間の所定労働時間が 20 時間以上であることや学生でないこと等の要件を満たしたときには、「短時間労働者」として被保険者となります。

パートタイム労働者を雇い入れるときは、所定労働時間数や所定労働日数を決め、社会保険の加入の要否を判断することが必要となります。この際、具体的な労働日や労働時間を、シフトにより決めるケースがあります。柔軟な働き方とする意味では、労使双方で明確な労働時間や労働日を決めずに契約することに価値があるのかもしれませんが、これらは労働条件として書面で明示すべき事項であり、雇用契約を締結する際の基本的な内容でもあることから、具体的な日付や時刻は決められなくても、例えば目安となる 1 カ月の労働時間数や労働日数は決めておくべきでしょう。

なお、特定適用事業所の範囲が 2022 年 10 月から従業員 101 人

以上規模に、2024年10月から従業員51人以上規模に変更となるほか、2022年10月には短時間労働者の要件の一つである「勤務期間が1年以上であること」が廃止され、4分の3基準を満たした被保険者と同様に、「2カ月を超える雇用見込みがあること」が要件となります。労働時間や労働日に加え、雇用期間の有無や期間、雇用契約の更新の有無を明確にし、労働条件として明示することが一層重要となります。

［2］雇用保険の加入要件

雇用保険の加入要件は、健康保険・厚生年金保険の加入要件とは異なるため、別途、確認する必要があります。雇用保険では、1週間の所定労働時間が20時間以上であり、31日以上引き続き雇用されることが見込まれる人が被保険者となります。ただし、昼間学生は原則として被保険者になりません。

2カ所以上の事業所で勤務し、いずれの事業所でも加入要件を満たすときは、健康保険・厚生年金保険はいずれの事業所でも加入しますが、雇用保険は生計を維持するのに必要な主たる賃金が支払われる事業所のみで加入します。

2 給与の取り扱い

［1］給与の設定

多くの会社で、正社員は月給制、パートタイム労働者は時給制を採用していると思います。このように、パートタイム労働者のみを時給制とし、働いた時間に応じて賃金を支払うことに問題はありません。

ただし、基本給と合わせて、正社員に各種手当を支払っているときには、パートタイム労働者にも同様に手当を支払うのか、支払うときにはどのような金額を設定するのかなどを決める必要がありま

す。なお、正社員に支払っている手当をパートタイム労働者には支払わないものとする場合には、同一労働同一賃金の観点から、不合理な待遇差や差別的取り扱いになっていないかを確認する必要があります。

[2] 割増賃金の計算方法

　パートタイム労働者に各種手当を支払うときには、その手当が割増賃金の算定基礎に含まれる賃金に該当するか否かの判断が必要になります。

　基本給および各種手当を時給で支払うときは、単純にその時給額を合算し割増賃金の基礎となる賃金にすることで足りますが、各種手当を月額で支払うときには、そのパートタイム労働者の1カ月の所定労働時間に基づき時給換算した額を基本給に合算して、割増賃金の基礎となる賃金として算出する必要があります。

[3] 源泉所得税の計算と扶養

　パートタイム労働者には、いわゆる「扶養の範囲内で働くこと」を希望する人が多くいます。このときに使う「扶養」にはさまざまな定義や内容があり、収入額に着目して概要をまとめると図表1-1のようになります。

[4] 副業の場合の所得税の源泉徴収

　パートタイム労働者の場合、複数の会社を掛け持ちして働いていることも多いことから、所得税の計算においては、「給与所得者の扶養控除等（異動）申告書」（以下、扶養控除等申告書）を提出するか否かを本人に確認する必要があります。

　主な収入を他の会社で得ていたり、他の会社で正社員として勤務している人が副業として勤務するときには、既にその会社で扶養控

扶養の範囲の概要（所得者が 60 歳未満で障害がない場合）

所得者の給与収入	対　象	判定基準	判定単位	超過による影響
100 万円以下	住民税	課税所得	年間	所得者本人に住民税がかかる
103 万円以下	所得税	課税所得	年間	扶養者が扶養控除を受けられなくなる（配偶者を除く）
約 106 万円未満 （月額 8 万 8,000 円未満）	社会保険	総支給額	月間	社会保険の被扶養者から除外される（特定適用事業所）
130 万円未満 （月額 10 万 8,333 円以下）	社会保険	総支給額	月間	社会保険の被扶養者から除外される（特定適用事業所以外）
150 万円以下	所得税	課税所得	年間	扶養者の配偶者特別控除が段階的に減額される
201 万 6,000 円未満	所得税	課税所得	年間	扶養者の配偶者特別控除がなくなる

［注］　所得者の収入が給与収入のみであることを前提に記載している。

除等申告書を提出していることがあります。しかしながら、扶養控除等申告書は 1 カ所でしか提出できないことから、そのようなときは扶養控除等申告書の提出を求めず、源泉徴収税額が相対的に高い「乙欄」にて計算した所得税を、給与から源泉徴収することになります。なお、副業については、**CASE19** で取り上げているので、併せて参照ください。

[5] 最低賃金の改定と確認

　最低賃金は、原則としてすべての労働者に適用されるものです。パートタイム労働者の基本給を地域別最低賃金の額に合わせている会社もみられるため、例年 10 月ごろに改定される地域別最低賃金について、パートタイム労働者を中心にすべての従業員がこれを下回っていないか確認する必要があります。なお、都道府県別に特定の産業について設定されている特定最低賃金は、12 月ごろに改定

されることが多く、地域別最低賃金より高く設定され、優先されますので、会社の所在地と産業（業種）によっては特定最低賃金を確認する必要もあります。

従業員への要説明事項・要手続き事項

1 労働条件の明示

　雇用契約を締結するときには、会社が従業員に労働条件を明示することが義務づけられています（労働基準法15条）。その方法は、書面（労働者が希望した場合は、FAXや電子メール、SNS等でも可）での明示が必要なものと、口頭での明示でもよいものに分かれています。労働条件通知書は、必要項目を満たせば任意の様式でも構いませんが、厚生労働省が公開しているひな型を利用するのもよいでしょう。

　この労働条件通知書をパートタイム労働者に対して交付するときには、以下の点に注意が必要です。

（1）非正規雇用者にのみ明示が必須となる事項

　パートタイム・有期雇用労働法が適用となる従業員については、以下の4項目について、文書等により明示する必要があります。

- 昇給の有無
- 退職手当の有無
- 賞与の有無
- 相談窓口

　相談窓口は、担当を決めた上で明示することが必要であり、例えば、相談担当者の氏名や役職、相談担当部署等が考えられます。この4項目は明示が漏れやすいものであり、違反した場合は罰則（10万円以下の過料）の対象になることもあるため、注意しましょう。

（2）社会保険の加入の有無の明示

　社会保険の加入に関する項目は、労働条件の明示事項ではありま

図表 1-2 労働条件通知書の「その他」欄（短時間労働者用）

その他	・社会保険の加入状況 （　厚生年金　健康保険　厚生年金基金　その他（　　　　　　　　　　）） ・雇用保険の適用（　有　,　無　） ・雇用管理の改善等に関する事項に係る相談窓口 　　部署名　　　　　　　　担当者職氏名　　　　　　（連絡先　　　　　　） ・その他（　　　　　　　　　　　　　　　　　　　　　　　　　　　　） ・具体的に適用される就業規則名（　　　　　　　　　　　　）

せんが、厚生労働省が公開するひな型には「社会保険の加入状況」
および「雇用保険の適用」に関する項目が設けられています（図表
1-2 参照）。

　記載は任意ですが、取り扱いが曖昧となりやすい項目であり、労
使で齟齬が生じやすく、手続きの漏れにもつながりますので、書面
で明示しておくことがトラブルやミスの防止になると考えられます。

2 待遇に関する説明

　パートタイム・有期雇用労働法では、雇い入れ時（労働契約を更
新するときも含む）に事業主は、パートタイム労働者に対して雇用
管理上の措置の内容を説明することが義務づけられています（同法
14 条 1 項）。ここでいう雇用管理上の措置の内容とは、賃金の決定
方法や教育訓練の実施、福利厚生施設の利用、通常の労働者への転
換を推進するための措置が当てはまります。この説明は口頭で行う
ことが原則ですが、説明すべき事項が漏れなく記載され、簡単に理
解できる内容の文書で対応することも可能とされています。

　また、パートタイム労働者から、通常の労働者との間の待遇差に
ついて説明を求められたときには、その内容・理由等を説明する必
要があります（パートタイム・有期雇用労働法 14 条 2 項）。

3 無期転換申込権の発生

　労働契約法では、同一の使用者との間で、有期労働契約（期間の定めのある労働契約）が通算で5年を超えて繰り返し更新された場合は、労働者の申し込みにより、無期労働契約（期間の定めのない労働契約）に転換する制度（無期転換）があります。

　会社には、この無期転換の制度の説明をパートタイム労働者に行う義務まではありませんが、要件を満たしたパートタイム労働者から無期転換の申し込みがあったときには、拒むことはできません。

　このケースでは、パートタイム労働者を雇用する目的が明確になっていませんが、短期間の一時的な労働力としてパートタイム労働者を活用するような場合には、その目的に沿って職務の内容や雇用期間を明確にすることが求められます。

4 採用面接時の確認事項

　このケースは、パートタイム労働者を初めて採用するというものですが、雇用する目的と、職務内容や給与、働く場所を採用前に明確にするとともに、雇用した後に齟齬が生じないように、以下のような項目を面接時等に明示・確認しておく必要があるでしょう。

[事前の明示・確認事項の整理]
- 有期契約／無期契約の区別
- 労働日数・労働時間数
- 短期／長期の雇用希望
- 扶養の範囲内の働き方を希望するか
- 労働時間等への配慮（育児、介護、その他個人的な事情）の要否

今後のために〜整備・対応しておくべき事項

1 パートタイム労働者就業規則の整備

　労働条件通知書に関しては既に取り上げたとおりですが、パート

タイム労働者を雇用するときには、パートタイム労働者に適用する就業規則の整備も必要です。無期転換の制度や、通常の労働者へ転換する制度の整備が必要なことを踏まえて、以下のポイントを押さえておくとよいでしょう。

[パートタイム労働者就業規則の整備ポイント]

• 労働日・労働時間の設定
• 休日・休暇の設定
• 無期転換を申し込むときの手順
• 賃金（各種手当）の設定
• 賞与や退職金の支給の有無・支給基準
• 副業の可否

　パートタイム・有期雇用労働法の改正（中小企業は2021年4月1日施行）により、正社員とパートタイム労働者等における不合理な待遇差や差別的取り扱いが禁止となったことから、正社員との待遇差については、より慎重かつ適切な判断が求められるようになっています。

② 通常の労働者への転換推進措置

　法令上、パートタイム労働者として雇用した従業員を正社員に登用しなければならない規定はありません。しかし、パートタイム・有期雇用労働法では、パートタイム労働者に対し、通常の労働者への転換を推進する措置を講じることを義務づけています。

　具体的には、通常の労働者を募集する際にその内容をパートタイム労働者等にも周知することや、通常の労働者への登用制度を設けること等であり、どのような措置を講じているのかをパートタイム労働者にあらかじめ周知する必要があります。

　会社として、どのような対応をするのかを明確に定めておきましょう。

入社前研修を内定者全員に実施しているが……

Q B社では、大卒・大学院卒の内定者に対して、毎年4月1日の入社式前の1週間（1日8時間×5日間）、全員を本社に集めて、各部署がどのような業務を行い、どのような商品を取り扱っているかの座学研修を行っています。入社後に必須の知識であることから参加することを義務づけてきましたが、これまで会社は、交通費と研修期間中の宿泊費の負担しか行ってきませんでした。このような研修を実施することに問題はないでしょうか。

A 入社前に研修を実施すること自体は問題ありませんが、実施している研修の内容から判断すると、研修自体が労働と判断される可能性が高く、交通費と宿泊費の負担のみでは賃金の不払いになるかもしれません。

これだけは押さえたい！

　新規学卒者の従業員に入社時研修を実施する企業は多いでしょう。この研修が労働と判断されるときには賃金の支払いが必要であり、年次有給休暇の勤続年数にも含まれます。これは、正社員として入社前に実施しても同様です。

　入社前の研修期間についても、要件を満たしたときには社会保険の加入が必要であることから、実施する場合には、労働か否かを判別し、労働に当たるときには雇用形態や賃金締切日・支払日を明確にしておく必要があります。

押さえておきたい基本事項と留意点

1 入社前に実施する研修の位置づけ

　入社後なるべく早く、かつ円滑に現場に配属する目的から、入社

前に研修を実施すること自体が問題になることはありませんが、実施前にはその研修の位置づけを明確にする必要があります。このケースのように場所や時間を特定し、参加することを義務づけ、業務に関連する内容を実施するのであれば、その研修は労働と判断される可能性が極めて高いでしょう。

　実際に、2017年1月20日に厚生労働省により策定された「労働時間の適正な把握のために使用者が講ずべき措置に関するガイドライン」では、「参加することが業務上義務づけられている研修・教育訓練の受講や、使用者の指示により業務に必要な学習等を行っていた時間」については、労働時間として扱わなければならないとされています。

　労働時間として扱うときには当然、雇用契約を締結し、その内容を明確にすることとなります。入社日である4月1日以降の労働条件を前倒しして適用することも考えられますが、入社前の研修であり入社後に予定する業務内容とは異なるものであるため、4月1日以降の雇用契約の内容とは異なる、別の雇用契約として締結することも考えられます。そのときには、研修期間中の雇用契約内容を明確にし、労働条件を明示します。

2 社会保険の取り扱い

［1］健康保険・厚生年金保険の適用

　雇用契約を締結する際には、社会保険（健康保険・厚生年金保険）への加入も考える必要があります。社会保険は正社員のほか、一定の加入要件を満たしたパートタイム労働者も被保険者となります。

〈特定適用事業所以外の場合〉

　パートタイム労働者で被保険者となる人とは、事業所と常用的使用関係にある場合で、1週間の所定労働時間および1カ月の所定労働日数が同じ事業所で同様の業務に従事している正社員の4分の3

以上である従業員です。4月1日より前に実施する研修がこの加入要件を満たすのであれば、社会保険は研修の初日から適用されます。

　このケースでは、比較する正社員の労働日数や労働時間は分かりませんが、1日8時間×5日間で研修を行うのであれば、加入要件を満たすことになるでしょう。

　なお、社会保険の被保険者とならない者として、「2カ月以内の期間を定めて使用される者」があります。この者は、所定の期間を超えて引き続き使用されるようになった場合に、その日から被保険者になるとされています（健康保険法3条1項2号、厚生年金保険法12条1号）。このケースで4月1日以降も雇用契約が続く前提での短期間の雇用契約を締結するのであれば、研修期間（雇用契約期間）が1週間であってもこれには該当せず、上記のとおり、研修の初日から社会保険が適用されるものと判断すべきです。

　この「2カ月以内の期間を定めて使用される者」については、2022年10月に施行される健康保険法および厚生年金保険法の改正により、「2カ月以内の期間を定めて使用される者であって、当該定めた期間を超えて使用されることが見込まれないもの」となり、被保険者としての加入の取り扱いが、より厳格に判断されることになります。

〈特定適用事業所の場合〉

　研修の実施時間を「1日5時間×5日間」のように設定することで正社員の所定労働時間の4分の3未満とし、社会保険の加入要件を満たさない取り扱いにすることも考えられますが、研修を行う会社が特定適用事業所や任意特定適用事業所である場合には、注意が必要となります。

　特定適用事業所や任意特定適用事業所では、1週間の所定労働時間および1カ月の所定労働日数が同じ事業所で同様の業務に従事している正社員の4分の3未満である従業員であっても、以下の

四つの要件をすべて満たすときには、被保険者となります（健康保険法3条1項9号、厚生年金保険法12条5号）。

①週の所定労働時間が20時間以上であること
②雇用期間が1年以上見込まれること
③賃金の月額が8.8万円以上であること
④学生でないこと

　このうち、④について卒業見込証明書を有する人で、卒業前に就職し、卒業後も引き続き同じ事業所に勤務する予定のときには、学生であっても社会保険に加入します。このケースでは、大学・大学院を卒業または卒業見込みであるため、④の要件から、特定適用事業所であるならば、「1日5時間×5日間」のような設定のときでも、短時間労働者として被保険者となる可能性は高いといえます。

　なお、特定適用事業所に関する「501人以上」（**CASE1** 参照）の要件については、2022年10月からは従業員101人以上規模の事業所まで、2024年10月からは従業員51人以上規模の事業所まで適用が拡大されます。また、2022年10月から、上記四つの要件のうち「②雇用期間が1年以上見込まれること」が削除され、三つの要件となります。

　ちなみに、短時間労働者として被保険者となったときは、入社日である4月1日以後、社会保険において短時間労働者から通常の労働者に変更することとなり、被保険者区分変更届で「一般」として届け出ることも必要です。

〈報酬月額の考え方〉

　研修期間の初日から社会保険に加入することになったときには、資格取得に関する項目の一つとして報酬月額を届け出ることになります。

　4月1日以降の労働条件を入社前の研修期間にも前倒しして適用するのであれば、その労働条件を用いて報酬月額を算出することに

なりますが、研修期間のみ別の雇用契約とするのであれば、その労働条件に基づき報酬月額を算出し、標準報酬月額が決定されることになります。後者では4月1日から労働条件が変更されることになるため、原則として4月1日からの給与が支払われたときから3カ月間で随時改定に該当するかの確認を行い、該当したときには「健康保険・厚生年金保険被保険者報酬月額変更届」による届け出を行います。

[2] 雇用保険の適用

雇用保険では、原則として以下の要件を満たしたときに被保険者となります。
① 31日以上引き続き雇用されることが見込まれること
② 1週間の所定労働時間が20時間以上であること

ただし、これらの加入要件を満たした場合であっても、昼間学生の場合には被保険者とならないとされており、さらにその例外として、卒業見込証明書を有する者であって卒業前に就職し、卒業後も引き続き同一の事業主に勤務することが予定され、一般労働者と同様に勤務し得ると認められる場合は被保険者になるとされています。

このケースでは原則の要件を満たしており、4月1日以降も雇用契約が続く前提であるため、雇用保険も4月1日ではなく、入社前の研修の初日から被保険者になると判断すべきでしょう。

3 給与計算における留意点
[1] 入社前研修の期間中の労働条件の決定と給与の支払い

既に見たように、入社前研修の期間中の雇用契約の内容は、4月1日以降の契約とは別に定めることもできます。ただし、基本給の額や手当の支給の有無、通勤手当の取り扱いはもちろんのこと、賃金締切日・支払日等を確実に決定しなければなりません。

正社員以外に、契約社員やパートタイマー・アルバイト等、複数の雇用形態を設けており、その雇用形態ごとに賃金締切日・支払日等が異なるようなときには特に、研修中の雇用形態や給与の支払日をどうするかといった細かなポイントが実務上問題になるでしょう。

［2］所得税の取り扱い

　研修期間に対して給与を支払うに当たり、「給与所得者の扶養控除等（異動）申告書」（以下、扶養控除等申告書）の提出時期を確認しておきましょう。

　扶養控除等申告書は、就職後、従業員が最初の給与の支払いを受ける日の前日までに提出することになっているため、入社日等の最初の勤務日に集める会社も多いと思いますが、研修期間に対する給与を4月1日より後に支払うのであれば、4月1日以降、当該給与を支払う日の前日までに提出してもらうことでも問題ありません。

　扶養控除等申告書は、2カ所以上から給与の支払いを受ける場合であっても、1カ所にしか提出することができません。アルバイト先で既に当年分の扶養控除等申告書を提出していることも想定されますが、正社員として就職して主として働くことになったのであれば、その就職した会社で新たに提出をすることになります。

従業員への要説明事項・要手続き事項

　新入社員というと、一般的には4月1日から勤務が始まる流れをイメージする人が大多数でしょう。内定通知書などでも、4月1日を入社日と案内しているケースが多いと思います。

　入社前には卒業式があったり、卒業旅行をしたりするほか、就職に当たり引っ越しが必要な内定者もいるでしょう。研修のスケジュールにあわせて予定を組み立てることができるように、内定者の都合も考慮し、早めに研修スケジュール等を周知しておきたいものです。

その際、研修内容やその位置づけのほかに労働条件も明確にし、行き違いのないようにしておくことが重要です。

　学生時代は、健康保険や所得税において親の扶養となっていることが多いですが、この場合、就職して社会保険に加入するときには、これらの異動手続きが必要になります。その手続きは内定者を扶養している親が行うため、入社前の研修のときから社会保険に加入する場合には、事前にその旨を通知しておくことも求められます。

　ただし、日本国内に居住している 20 歳以上の学生であれば国民年金の第 1 号被保険者となっているはずであり、そうであれば、厚生年金保険への加入手続きを会社が行うことで自動的に第 2 号被保険者に変更になるため、国民年金の手続きについては内定者やその親が手続きをする必要はありません。

今後のために〜整備・対応しておくべき事項

1 勤続年数の取り扱い

　このケースにおいて、研修を労働と判断するときの雇い入れ日は、4 月 1 日ではなく入社前の研修の初日となることから、勤続年数を用いて何かしら判断するときに影響が出ます。

　その代表的なものが、年次有給休暇の付与です。労働基準法 39 条 1 項では、「雇入れの日」から起算して 6 カ月間継続勤務し全労働日の 8 割以上出勤した労働者に対して有給休暇を与えなければならないとされていますが、このケースを労働と判断する場合、この「雇入れの日」は、4 月 1 日ではなく入社前の研修の初日となります。

　そのほか、退職金を算出する際の勤続年数や永年勤続表彰の勤続年数にも影響が出ますが、これらは法令で定めがあるものではなく、別途ルールを定めることができるため、入社前の研修期間を在籍期間として取り扱わない場合は、勤続年数の起算日を別途、管理する

必要が出てきます。

　入社前の研修期間の雇用形態を明確にしておくことは、このような面からも必要となります。

２ 研修を入社前に行う必要性の検討

　新規学卒者のような内定者には、内定から入社までに時間的な余裕がある人が多いほか、社会人としての基礎知識や入社後の業務に役立つことを学んでおいてほしいという会社の考えから、集合研修や通信教育などさまざまな形で入社前に研修や教育を実施する会社もあります。これ自体は内定者に働くことを意識させる良い機会となり、会社との連絡を密にする手段の一つにもなって、効果が高いでしょう。

　一方で、昨今は労働時間の判断がより厳格なものとなり、研修や教育も業務の一環であることが浸透してきているため、内定者に行う研修や教育を、自主参加的であると位置づけ、労働時間として扱わないことが問題となる可能性が高まっています。入社前に研修や教育を行っている会社では、そもそも入社前に実施することの必要性自体を、この機会に考えてもよいかもしれません。

内定者から
「妊娠した」との連絡が届いた……

Q C社に来年4月に正社員として入社する予定の内定者（女子大学生）から、「実は妊娠しました」という連絡がありました。出産予定日は、入社後3カ月ほどとのことですが、本人は働く意欲が強く、可能であればそのまま入社し出産したいという希望を持っています。なお、結婚はせず、いわゆるシングルマザーとして自分の母親とともに生まれてくる子どもを育てる決意をしているようです。どのような点に注意が必要でしょうか。

A 内定時に妊娠したことで内定を取り消すことは、妊娠・出産等を理由とする不利益取り扱いに該当すると判断されるでしょう。本人が入社を希望するのであれば、入社後に利用できる制度により、仕事と育児の両立を支援することになります。なお、社会保険の制度には適用要件が定められているものもあるため、従業員に説明しておくとよいでしょう。

これだけは押さえたい！

　妊娠、出産、育児と仕事の両立については、労働基準法や育児・介護休業法、健康保険法などによってさまざまな制度が整備されています。ただし、勤続年数または社会保険の加入状況によって適用の可否が分かれるものもあり、特に入社後まもない出産、育児では、すぐに制度が適用されないこともあるので注意しましょう。

押さえておきたい基本事項と留意点
1 内定者等による産休・育休制度の利用

　内定者が妊娠したり、内定を出した後に妊娠していることが判明したりしたとき、このことをもって会社が一方的に内定を取り消す

ことは、妊娠・出産等を理由とする不利益取り扱いに該当すると判断されるでしょう。

このケースでは、労働基準法や男女雇用機会均等法、育児・介護休業法の妊娠、出産および育児に関する規定の適用に、留意が必要となります。特に整理しておきたいこととして、産前産後休業（以下、産休）および育児休業（以下、育休）があるため、以下で概要を確認しておきます。

(1) 産休の扱い

労働基準法に定めのある産休は、出産予定日の6週間前（多胎妊娠の場合には14週間前）からと、出産後8週間について取得できます（同法65条）。取得には勤続年数等の要件はなく、入社後すぐであっても、産前休業は労働者の請求があったときに取得でき、産後休業は産後6週間を経過した女性が請求した場合において医師が支障がないと認めた業務に就かせること以外、強制的な取得となります。

(2) 育休の扱い

育休は育児・介護休業法に定めがあり、原則として1歳に満たない子どもを養育する労働者が取得でき、有期雇用労働者も一定の要件を満たしたときに育休の取得を申し出ることができます（同法5条）。

一方、このケースのように入社1年未満の従業員等からの育休取得の申し出は、労使協定を締結することで拒むことができるとされています。そのため、C社でこのような労使協定が締結されている場合、当該内定者が産休に引き続き育休の取得を申し出たときに、取得ができないこともあります（同法6条）。

なお、入社1年未満の従業員からの育休取得の申し出を拒むことができる場合であっても、例えば、産後休業後すぐに復帰し、入社後1年を経過した時点でその他の育休を取得する要件を満たし

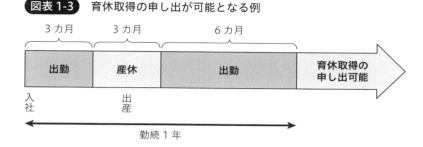

図表 1-3　育休取得の申し出が可能となる例

たときには、その時点から育休取得の申し出をすることが可能とな
ります（図表 1-3 参照）。

2 社会保険における留意点

　社会保険の加入要件に妊娠しているかどうかは関係しないため、
妊娠をしていても要件を満たせば当然、社会保険に加入します。た
だし、一部の制度の利用や給付には、加入期間（被保険者期間）に
関する要件があります。

　出産・育児に関係する社会保険の制度は複数ありますが、ここで
はこのケースで特に確認しておくことが重要と思われるもののみを
取り上げます。

[1] 健康保険および厚生年金保険の制度
(1) 産休中の社会保険料免除

　産休中は被保険者が会社に対して休業を請求し、その請求に基づ
き会社が日本年金機構に届け出ることにより、社会保険料（健康保
険料・介護保険料・厚生年金保険料）の徴収が免除となります。被
保険者期間に関係がないことから、加入後すぐに産休を取得したと
しても、会社が届け出れば適用されます。

(2) 出産育児一時金

　子ども1人につき、原則42万円の出産育児一時金が健康保険から支給されます。この出産育児一時金の支給要件も被保険者期間とは関係がないため、加入してすぐに出産しても支給されます。

(3) 出産手当金

　出産手当金は、産休期間中に給与が支払われないときに支給されるものです。被保険者期間に関係なく支給されますが、出産手当金の額の算出に、それまで加入してきた被保険者期間と、その期間における標準報酬月額が関係します。

　出産手当金の1日当たりの金額は、以下の計算式によります。

　(支給開始日以前の継続した12カ月間の各月の標準報酬月額を平均した額)÷30日×2/3

　計算式における「支給開始日」とは、最初に出産手当金が支給される日のことです。このケースのように、それまで加入してきた被保険者期間が、計算式にある「支給開始日以前の継続した12カ月間」に満たないときには、次のいずれか低い額を使用して計算します。

①支給開始日の属する月以前の直近の継続した各月の標準報酬月額の平均額
②当該年度の前年度9月30日における健康保険の全被保険者の同月の標準報酬月額の平均額
　・支給開始日が2019年3月31日以前の場合：28万円(※)
　・支給開始日が2019年4月1日以降の場合：30万円(※)
　※協会けんぽの場合の標準報酬月額

　被保険者期間が12カ月未満の場合では、出産手当金が支給される前の各月の標準報酬月額の平均額が30万円より高い場合であっても②が適用されることとなり、被保険者期間が12カ月間以上あ

るときに比べて出産手当金の額が低くなることがあります。

(4) 育休中の社会保険料免除

　育休中も産休中と同様に、被保険者が会社に対して休業を申し出て、その申し出に基づき会社が日本年金機構に届け出ることにより、育休中の社会保険料（健康保険料・介護保険料・厚生年金保険料）の徴収が免除となります。この育休中の社会保険料の免除の前提は、育児・介護休業法による3歳未満の子どもを養育するための育休（育休および育休に準じる休業）が対象となっています。

［2］雇用保険の育児休業給付金

　雇用保険には、育休中の所得を補塡(ほてん)するための制度として育児休業給付金の制度があります。

　育児休業給付金を受給するためには、まず申請を予定する従業員が受給資格を満たすかを確認します。受給資格を満たすためには、育休開始前の2年間に、賃金支払基礎日数（給与が支払われる基礎となった日数）が11日以上ある月が12カ月以上必要となります。このケースでは、出産日間近まで働いたとしても被保険者期間は3カ月程度になると考えられるため、育児休業給付金の受給資格を満たさない可能性が高いでしょう。

　この判断は同一の会社（事業所）での被保険者期間だけでなく、転職したようなときには、その前後の期間を通算できます。例えば、転職後に育休を取得するような場合で、転職後の会社のみで受給資格を満たすことができないときには、前職の会社での被保険者期間を通算することで受給資格を満たすか否かの判断が行われます。ただし、前職の会社の退職時に基本手当を受給するための資格確認を行ったとき等、被保険者期間の通算ができない場合もあるので、従業員ごとに個別の確認が必要になります。

　会社として育休取得の申し出を拒むことができる従業員であって

も、育休取得の申し出を認めるケースもあります。ただし、いざ育休を取得したものの、雇い入れからの期間が短いといった理由から育児休業給付金の受給資格を満たさず、育児休業給付金が支給されない事態も想定されます。入社から育休開始までの期間が短い従業員のほか、妊娠中の体調不良等によって欠勤し給与を控除した従業員から育休取得の申し出があったときには、育児休業給付金の要件を満たさない場合もあることから、受給できるか否かの確認を事前に行っておくとよいでしょう。

[3] 健康保険の被扶養者

　このケースでは、いわゆるシングルマザーとして子どもを育てることを内定者が決意している点を踏まえると、出産後、健康保険の被扶養者として、子どもに関する異動の手続きを行うことが必要になります。

② 給与計算における留意点

[1] 医師等の指示に基づく不就労時間の取り扱い

　会社は、妊産婦である女性従業員が母子保健法に基づく保健指導や健康診査を受けるために必要な時間を確保できるようにしなければならず（男女雇用機会均等法12条）、これらの指導事項を守るため、勤務時間の変更や勤務の軽減など必要な措置を講じなければなりません（同法13条）。

　その結果、不就労となった時間については、ノーワーク・ノーペイの原則に基づき、給与を支給しなくても問題ありません。実務的には、就業規則（賃金規程）の規定に基づき、対応することになります。

[2] 産休中・育休中の社会保険料

　既に確認したように、会社が届け出を行うことで、産休中・育休

中の社会保険料は徴収が免除となります。そのため給与計算では、社会保険料の控除の要否に留意する必要があります。

　社会保険料が免除となる期間は、それぞれ休業開始月から終了日の翌日の属する月の前月（終了日が月の末日の場合は終了月）までです。出産予定日と実出産日がずれたことにより産休期間が変更になったり、保育園の入所の都合で育休の期間が延長になったりすることで社会保険料が免除となる期間が変動しやすいことから、給与を支給する当該月の控除の要否について、確認を漏らさないようにしなければなりません。

［3］扶養控除等申告書への追記

　子どもが生まれた後に、その子どもを扶養親族として扱うときには、従業員が扶養控除等申告書の「16歳未満の扶養親族」の欄に子どもの氏名等を記入し、提出することになります。

　16歳未満の扶養親族は控除対象扶養親族にならないため、この欄に記入したときであっても、毎月の所得税の計算には影響しません。住民税の計算においても扶養控除の対象になりませんが、非課税限度額を計算するときには、扶養親族の人数に含まれます。

　以上のことから、扶養親族が変更となる段階で従業員が扶養控除等申告書を提出する流れをつくっておく必要があります。

［4］所得税の計算におけるひとり親の取り扱い

　2020年分の所得税から、扶養親族となる子どもがいて、配偶者がいない人で一定の要件を満たした人は、性別にかかわらず「ひとり親控除」が適用されます。該当するときは、扶養控除等申告書で従業員が申告します。

　なお、このひとり親控除は、事実上婚姻関係と同様の事情にあると認められる一定の人がいる場合には適用されません。

💡 従業員への要説明事項・要手続き事項

1 従業員への事前説明と確認

　産休や育休に関わる制度は複雑であり、従業員（内定者を含む）が詳細を理解することは難しいものです。このケースのように入社前に妊娠したときは、会社が各種制度の適用可否を整理した上で、入社、出産、そしてその後のことをどのように考えているのかを事前に従業員（内定者）に確認しておきます。そうすることで、制度の利用に関する会社と従業員との認識の行き違いを防ぎ、従業員にとって必要な支援策を会社は考えることができます。

　特にこのケースで、出産後に引き続き育休の申し出を考えている場合、会社がその申し出を拒むのか否かといった判断も必要になるため、内定者から報告のあった段階で、事前の説明と入社後の予定の確認が必須となります。

2 育休の取得から復帰までを支援するプランの策定

　子どもが生まれ、どのように育児と仕事を両立させるかは本来、従業員個人の問題であり、会社は育児・介護休業規程等にのっとって対応すれば問題ありません。

　一方、厚生労働省では、従業員の円滑な育休の取得や育休後の職場復帰を会社が支援できるよう、「『育休復帰支援プラン』策定マニュアル」をホームページに公開しています。

　育休復帰の支援は、育休復帰時だけでなく、産休を取得する前から行う必要があり、このマニュアルには会社の環境整備も含め、全体を支援する内容が盛り込まれています。特にこのケースでは、復帰後の働き方についても事前に考えておくことが重要であるため、さまざまな項目から確認できる「産休・育休復帰支援面談シート」（図表1-4）を産休復帰前（育休を取得する場合は育休復帰前）に

図表 1-4　産休・育休復帰支援面談シート

産休・育休復帰支援面談シート＜休業中・復帰後＞

休業終了予定の 1～2 か月前になったら、今後の働き方について本人と話し合いましょう。

質 問 事 項	確 認 方 法	内　　　　容
職場復帰日の変更希望はありますか？	変更の有無と、変更の場合は日付を確認してください。	①あり（　　　年　　月　　日）　　②なし
就業中の保育者（予定）を教えてください	該当するものに○をつけてください。	①認可保育園　②認可外保育園　③配偶者　④親・親族 ⑤その他（　　　　　　　　　　　　）
保育園利用予定の場合、現在の状況を教えてください	該当するものに○をつけてください。	①確定　②結果連絡待ち　③第 2 希望以降は確定 ④未定
日常的に育児のサポートを受けられますか？	該当するものに○をつけてください。	①受けられる （配偶者／親・親族／民間サービス／その他（　　　　　　）） ②受けられない
緊急時に育児のサポートを受けられますか？	該当するものに○をつけてください。	①受けられる （配偶者／親・親族／民間サービス／その他（　　　　　　）） ②受けられない
勤務時間についての希望を聞かせてください	該当するものに○をつけてください。 ③と④については、希望期間を確認してください。	①育休取得前と同じ働き方をしたい ②「育児時間」(1 日 2 回各々少なくとも 30 分。子どもが 1 歳になるまで) を利用したい ③所定内労働時間を短縮したい ［　　時　　分～　　時　　分］ →時間短縮を希望する場合、期間はいつまでを考えていますか？ （　　　年　　月まで） ④深夜労働・休日労働を免除してほしい →免除を希望する場合、期間はいつまでを考えていますか？ （　　　年　　月まで） ⑤その他（　　　　　　　　　　　　）
所定外・時間外労働に関して配慮が必要ですか？	該当するものに○をつけてください。	①所定外労働の免除 ②時間外労働の制限（月 24 時間、年 150 時間まで） ③その他（　　　　　　　　　　　　）
遠距離の外出や出張に関して配慮が必要ですか？	配慮が必要な場合は、具体的に確認してください。	
職場復帰後の業務内容や役割分担などについての要望はありますか？	業務上の要望があるか確認してください。	※原則として育休取得時に交付した取扱通知書のとおりとなる点確認してください
仕事をする上で、周囲に配慮してほしいことはありますか？	何か気をつけてほしいことがあるか確認してください。	
その他、復職に向けて相談・連絡事項はありますか？	本人やお子さんの体調面のことなど、懸念点を確認し記載してください。（育休中に資格取得をしたか確認し、その内容を記載してください）	

資料出所：厚生労働省「『育休復帰支援プラン』策定マニュアル」の「管理職と産休・育休取得者のコミュニケーション・ツール『産休・育休復帰支援面談シート』」（＜休業中・復帰後＞シート）

利用することで、従業員の産休・育休から復帰後までの全体の支援を考えることができます。

今後のために～整備・対応しておくべき事項

1 母性健康管理措置に関する規定内容の確認

就業規則に必ず盛り込まなければならない絶対的必要記載事項の一つである休暇等の項目（労働基準法89条）には、母性健康管理の措置に係る規定があることから、就業規則への記載が必要となります。

この措置を利用して就業時間の一部または全部を就労しなかったときの賃金の取り扱いに関する記載の有無も、確認しておきましょう。

2 育休後に有効な制度を活用するために

産休・育休を取得した際の社会保険および給与計算に関する事項を中心にまとめてきましたが、育休からの復帰後も、育児短時間勤務や育児のための所定外労働の制限、子の看護休暇等、各種の制度が用意されており、これらを利用できる従業員の範囲や利用手続き等もさまざまです。

社会保険においても、養育期間の従前標準報酬月額のみなし措置等、届け出を行うことで適用されるものもあります。混同しやすい制度もあるため、図表1-5によって内容を整理した上で、個別の届け出について確認するとよいでしょう。

図表 1-5　出産や育児に関連する社会保険の主な制度

	費用軽減	収入補塡	社会保険料軽減
産前休業			
出産	出産育児一時金 高額療養費	出産手当金	産休中の免除
産後休業			
育児休業			
育児休業（延長）		育児休業給付金	育休中の免除
育児休業（再延長）			
職場復帰			育休復帰時の見直し
子の養育期			標準報酬月額のみなし

第**2**章

こんなときどうする!?

休業・休職、事業所廃止

CASE 4

休職期間が
満了しそうになっている……

Q D社では入社5年目の従業員がうつ病で休職しています。まもなく休職開始日から1年となり、就業規則に定める休職期間の満了となる見込みであるものの、この従業員と定期的に連絡を取っている同僚によると、当人は主治医から「無理をせずに治療に専念をしたほうがよい」とのアドバイスを受けているようです。今後の状況次第だとは思いますが、休職満了となるときには、どのような点に注意すればよいのでしょうか……。

A 復職できる場合でも退職となる場合でも、会社として手続きすべきことがあるので、休職者の状況を早めに確認する必要があります。規定の休職期間内に復職できないときは、退職手続きをすることになりますが、健康保険の資格喪失後の傷病手当金の継続給付や雇用保険の基本手当の仕組みも、退職となる従業員にあわせて説明するようにしましょう。

休職期間の満了で退職となるときにはトラブルが発生しやすいため、この機会に制度が整っているかも確認しましょう。

これだけは押さえたい！

　休職制度は、会社ごとに任意に制度をつくることができるため、あらかじめ制度の詳細を決めておく必要があります。最も多い休職事由は私傷病であると思われることから、休職期間中の給与の支給や各種控除の取り扱いのほかに、傷病手当金の制度に対する理解も求められます。

　休職制度を利用した後は職場復帰（以下、復職）できることが望まれますが、一定期間を経ても復職できないときには退職となることから、退職者が退職後に利用できる社会保険の制度も押さえておきましょう。

💡 押さえておきたい基本事項と留意点

1 休職制度の位置づけ

　休職にはさまざまな規定の方法がありますが、一般的に、私傷病をはじめとした従業員の個人的事由で長期間、会社に対して労務の提供ができなくなるときに、退職とするのではなく一定期間就労義務を免除するものをいいます。労働基準法等に休職の定義や休職期間、復職等について定めがあるわけではないため、そもそも制度を設けるか否かも含めて会社が自由に決めることができます。休職は就業規則の相対的必要記載事項に該当するため、制度を設けたときには、就業規則への記載が必要です。

　休職制度の位置づけは、長期間、労務の提供ができないときに、本来は解雇等で雇用契約を終了するところ、一定期間それを猶予する措置であり、時に「解雇猶予措置」とも呼ばれます。その代わり、就業規則で定められた休職期間が経過しても、休職事由が消滅しなければ退職となります。

　休職期間が満了したときの退職の扱いは、就業規則の定めによりますが、事前に定めた休職期間が到来したことにより退職する自然退職や当然退職として扱うことが一般的に見られます。もし「休職期間が到来するときには解雇とする」という規定としているならば、そのときには解雇予告や解雇予告手当の支払いが必要となります。

2 社会保険料と標準報酬月額

[1] 休職期間中の社会保険

　私傷病の休職では、労務の提供がないものの従前の雇用契約は継続しているため、社会保険にも継続して加入します。しかしながら、長期の欠勤や休職には社会保険料の徴収が免除となる仕組みがない

ことから、労務の提供がないために給与が支給されなくても、加入している期間の社会保険料を従業員から徴収し、会社も負担をする必要があります。

[2] 定時決定における留意点と標準報酬月額

　休職期間中も社会保険に加入しているため、休職者も当然、定時決定（算定基礎）の対象となる被保険者に含まれます。

　定時決定の対象月である4～6月と休職期間が重なったときは、以下のとおり取り扱います（いずれも低額の休職給が支給されている場合を除きます）。

①4～6月の1カ月でも定時決定できる給与が支給されたときには、その月で算定する

②給与が4～6月の3カ月間とも支給されないときは、保険者算定として従前の標準報酬月額を引き続き用いる

　休職者の算定基礎届の備考欄にある「5.病休・育休・休職等」に○印を記入するとともに、「その他」に休職開始日を記入します。定時決定により、その年の9月から標準報酬月額が見直される場合もあるため、従業員から徴収すべき社会保険料も必要に応じて変更しなければなりません。

　なお、**3**で説明する傷病手当金の支給額は、原則として「支給開始日以前の12カ月間の各標準報酬月額を平均した額」を用いることになっているため、定時決定等で標準報酬月額が変更になったとしても、傷病手当金の支給額は変更されません。

3 健康保険の傷病手当金
[1] 傷病手当金の支給期間

　私傷病による休職の場合、一般的には会社から給与が支給されないことから、健康保険の傷病手当金を従業員が申請することによっ

て収入の代わりとすることが多くあります。そのため、従業員は休職期間中、「労務不能と認めた期間」や「労務不能と認められた医学的な所見」に関する傷病手当金支給申請書への記入を医師（療養担当者）に定期的に求めることになります。

　傷病手当金が支給される期間は、同一の傷病について支給が開始された日から最長 1 年 6 カ月です。この 1 年 6 カ月とは、暦で計算した期間であり、実際に傷病手当金が支給された期間ではありません。例えば、いったん復職したものの再び休職した場合のように、傷病手当金を受給していない期間があっても、支給が開始された日から 1 年 6 カ月が経過すると支給期間は満了となります。

　短期間で休職・復職を繰り返すようなときには、傷病手当金の仕組みを、従業員に事前に説明しておくとよいでしょう。なお、同一の傷病か否かの最終的な判断は保険者が行うことになっており、傷病名が異なるものであっても、関連する傷病が同一の傷病として判断されることもあります。

［2］退職後の傷病手当金の継続給付

　退職日（資格喪失をした日の前日）までに継続して 1 年以上の被保険者期間があり、資格喪失時に傷病手当金を受けているか、または受ける要件を満たしているときには、退職後も、資格喪失後の継続給付として、支給が開始された日から最長 1 年 6 カ月まで傷病手当金が支給されます。退職理由は問われないため、休職期間満了による退職であっても資格喪失後の継続給付は受けられます。

　この際、業務の引き継ぎ等のために退職日に出勤すると、「資格喪失時に傷病手当金を受けているか、または受ける要件を満たしているとき」を満たさないことになります。また、図表 2-1 のように、資格喪失後の給付を受けていた人がいったん仕事に就くことができる状態になると、その後さらに同一の傷病により仕事に就くことが

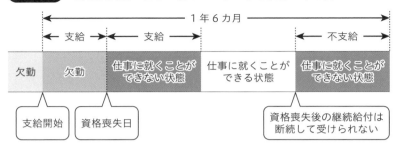

図表 2-1 資格喪失後に仕事に就くことができる状態になる例

資料出所：協会けんぽホームページ「病気やケガで会社を休んだとき」（一部改変）

できない状態になっても、資格喪失後の継続給付として傷病手当金は支給されません。

4 健康保険の任意継続制度

　退職後に加入する健康保険の選択肢は、主に以下の三つがあります。

①国民健康保険に加入する

②加入している健康保険を任意継続する

③家族が加入する健康保険の被扶養者となる

　いずれを選択するかについては、それぞれにメリット・デメリットがあり、従業員の状況により異なるため一概には判断できません。協会けんぽでは図表 2-2 のようなリーフレットを公開しており、従業員に渡すことで退職後の手続きの参考になります。

　このとき、3 [2] で確認した資格喪失後の継続給付に該当する場合には、任意継続被保険者であっても傷病手当金を受けることができますが、資格喪失後の継続給付における要件「継続して 1 年以上の被保険者期間」には、健康保険の任意継続の被保険者期間は含まれません。また、任意継続の被保険者期間中に傷病手当金の支給要件を満たしたとしても、傷病手当金は支給されません。

図表 2-2　退職後の健康保険の選択肢

資料出所：協会けんぽ「退職後の健康保険のご案内」

5 雇用保険の手続き

　雇用保険も同様に、休職により労務の提供がないとしても被保険者資格は継続します。ここでは、休職期間満了で退職するときの資格喪失の手続きを確認しておきましょう。

[1] 離職票の記載方法
　休職期間満了で退職する際、「雇用保険被保険者離職証明書」（以下、離職票）を作成する上で主に確認すべきことが2点あります。

(1) 休職期間中の給与
　休職期間中に継続して30日以上給与が支給されなかった場合には、全く給与が支給されなかった期間について離職票から日数および給与額を除いて記入します。このとき、給与が支給されなかった期間および日数、ならびに原因となった傷病名等を備考欄に記載し、その事実を証明する医師の診断書（写しで可）等を添付します。添付する医師の診断書は、実務上、対象となる全期間の傷病手当金申請書の写しを添付することで代用するハローワークが多いようです。

　離職票を作成する主な目的に、基本手当の支給額の元となる賃金日額等を決定することがあります。この賃金日額は、離職の日以前2年間をさかのぼり、賃金支払いの基礎となった日数が11日以上ある直近の6カ月により計算されます。離職の日以前2年間に疾病、負傷、事業所の休業、出産、事業主の命による外国における勤務、その他これらに準ずる理由のために引き続き30日以上給与が支給されなかったときは、給与が支給されなかった日数（最長4年間）を加算できます。

(2) 離職理由
　離職票には離職理由を記載する欄があり、退職後の基本手当は、この離職理由によって支給が開始される日や受給できる日数が変

わります。休職期間満了で退職するときは、離職票の「6　その他（1－5のいずれにも該当しない場合）」の欄に〇印を記入し、「具体的事情記載欄」に就業規則に基づく休職期間の満了である旨を記入します。ハローワークで手続きを行う際には、就業規則の休職規定や休職通知書等、休職期間満了日が確認できるものを求められることがあるので、併せて用意をしておきましょう。

[2] 基本手当の受給

　基本手当の受給には、労働の意思および能力を有するにもかかわらず就職できない状態であることが必要となります。そのため、退職後も傷病で働くことができない状態が続いているのであれば「労働の能力を有する」とはいえず、受給できません。

　基本手当は原則として退職日の翌日から起算して1年間に受給する必要があるため、傷病で働くことができない状況が長引くと、基本手当を受給する資格があったにもかかわらず受給できない場合があります。このようなときには、退職後、傷病等で働くことができない状態が30日を経過した日の翌日以降に受給期間の延長の申請手続きを行うことで、本来の受給期間である1年間に対して、働くことができない期間（最長3年間）を加えることができます。

　なお、健康保険の傷病手当金が支給される要件の一つに「働くことができないこと」がある一方、雇用保険の基本手当の要件の一つである「労働の能力を有する」とは「働くことができること」であるため、これらを同時に受給することはできません。

6 給与計算での留意点

[1] 従業員からの社会保険料の徴収

　休職期間中の給与は、就業規則や賃金規程に基づいて取り扱います。休職期間中に無給となるときには、社会保険料の控除ができな

いため、その間の社会保険料の徴収方法を決めておきます。

なお、従業員本人が負担すべき社会保険料を会社が負担した場合には、給与が支給されたとみなされ、傷病手当金の支給額が調整されることもあります。また、社会保険料を会社がいったん立て替えておいて復職後に徴収するようなケースでは、復職せずに退職（休職期間満了を含む）となったことで社会保険料の徴収が困難になる場合も見られることから、確実な社会保険料の徴収方法も考えておきましょう。

[2] 住民税の切り替え等

社会保険料以外にも、住民税の徴収やその他給与から控除しているものに関しても同様の問題が出てきます。

住民税は、長期欠勤や休職の場合、給与から控除して納付する特別徴収から従業員が個人で納付する普通徴収に切り替えることも認められているため、休職期間が長期にわたるのであれば、普通徴収に切り替えることも考えたいものです。

従業員への要説明事項・要手続き事項

復職を前提として一定期間就労義務を免除する休職は、その休職事由が消滅したのであれば復職することが当然であり、決められた期間の就労義務が免除されても休職となる事由が消滅していないのであれば退職となることが原則です。休職時には、この復職と退職の両方が発生する場合を念頭において、従業員に説明しておくことが重要です。

特に労使間で問題となりやすいのが、休職事由が消滅しないまま休職期間満了で退職する際の休職開始日についてです。休職開始日が明確になっていないと休職満了日も不明確となり、会社が想定する休職期間と従業員が想定する休職期間に齟齬が生じ、トラブルに

発展することがあります。これを防ぐためには、図表2-3のような
休職辞令を交付することにより、休職開始日と休職満了日を明確に
しておくことが考えられます。

　また、これに併せて以下のような項目を事前に説明しておくこと
も望まれます。

①休職期間中の過ごし方（療養への専念）、会社への状況報告義務
②復職を希望するときの社内手続き
③給与の支給の有無（日割計算の方法を含む）、給与から控除して

図表 2-3　休職辞令（例）

休職辞令

＿＿＿＿＿＿＿＿＿＿　殿

　就業規則第　　条の定めに基づき、下記のとおり休職を命ずる。

記

１．休職期間　　　　　年　　　月　　　日 ～　　　　年　　　月　　　日
２．休職事由が消滅したときは、休職期間中であっても休職を打ち切り、復
　　職を命じる。
３．従業員本人の都合により復職を希望するときには、従業員が申し出を行
　　うものとする。会社は従業員からの申し出に従い、休職事由が消滅したか
　　を判断し、復職を命じる。
４．情状により上記休職期間を延長することがある。なお、休職期間の満了
　　日は　　年　　　月　　日となる。
５．休職期間中は、別途通知する会社の指示に従うこと。

以上

　　年　　　月　　日

株式会社
総務部長

いるものの取り扱い

④傷病手当金等の社会保険の支給要件・申請方法

今後のために～整備・対応しておくべき事項

　既に確認したように、休職制度を設けたときは就業規則にその内容を記載する必要があります。どのような制度にするかは会社が決めることができるため、規定方法も会社によって異なります。

　ちなみに、厚生労働省が公開しているモデル就業規則では、図表2-4のような休職の条文が盛り込まれているため、これを参考にすることも考えられます。

　さらに詳細な内容を規定するのであれば、[従業員への要説明事項・要手続き事項]で示した①～④のような項目を盛り込み、独自の規定としてもよいでしょう。

図表 2-4　厚生労働省「モデル就業規則（令和 2 年 11 月）」による
　　　　　　　休職規定例

（休職）
第 9 条　労働者が、次のいずれかに該当するときは、所定の期間休職とする。
　①　業務外の傷病による欠勤が＿＿か月を超え、なお療養を継続する必要
　　があるため勤務できないとき　　　　　　　　　　　　　　　　＿＿年以内
　②　前号のほか、特別な事情があり休職させることが適当と認められる
　　とき
　　　　　　　　　　　　　　　　　　　　　　　　　　　　　　　必要な期間
2　休職期間中に休職事由が消滅したときは、原則として元の職務に復帰させる。ただし、元の職務に復帰させることが困難又は不適当な場合には、他の職務に就かせることがある。
3　第 1 項第 1 号により休職し、休職期間が満了してもなお傷病が治癒せず就業が困難な場合は、休職期間の満了をもって退職とする。

CASE 5 従業員が介護休業の申し出をしてきたが……

Q 「実家の父親が、介護が必要な状態になったので、介護休業を取りたい」との申し出が、E社で勤務する正社員からありました。独身で、きょうだいのいない従業員であり、「病気がちの母親には父親の介護についてあまり頼れないことから、父親を介護する態勢を整えるためにも休業したい」とのことです。介護休業の取得を希望する従業員は初めてであり、どのような点を確認すればよいか分からないのですが……。

A 介護休業は、取得要件を満たしたときに申し出をすることで取得できるものです。父親に一定の要介護状態があるならば、介護休業を取得できるため、まずはどの程度の介護が必要な状態かや、介護休業としてどのくらいの期間を取得する予定であるかを確認しましょう。

実務上、介護休業を取得している間の給与の支払いや社会保険料の取り扱いが問題になります。事前に取り扱いを決め、就業規則（賃金規程や育児・介護休業規程）を整備しておきましょう。

これだけは押さえたい！

高齢化社会が進むとともに、家族の介護を課題として抱える従業員は増加傾向にあります。そのような中、育児・介護休業法では、同一の家族について通算93日を限度に3回まで介護休業が取得できるように制度が整備されています。

制度内容は育児休業と類似していますが、取得できる期間や申し出時期、社会保険料の取り扱いや、育児休業給付金・介護休業給付金の申請で異なる点があります。育児休業取得者がいる会社の場合には、相違点を中心に仕組みを押さえておくと分かりやすいでしょう。

💡 押さえておきたい基本事項と留意点

1 介護休業制度の概要

　介護休業とは、要介護状態となった家族を介護するために、対象家族1人につき3回まで、通算93日を限度として取得できる休業です。介護休業を取得できる家族の範囲（対象家族）は決まっており、配偶者（事実上婚姻関係と同様の事情にある人を含む）、父母、配偶者の父母、子、祖父母、兄弟姉妹および孫です（図表2-5参照）。

　従業員は、この対象家族が要介護状態になったときに介護休業の申し出ができます。「要介護状態」とは、負傷、疾病または身体上もしくは精神上の障害により、2週間以上にわたり常時介護を必要とする状態であり、以下のAまたはBのいずれかに該当する場合を「常時介護を必要とする状態」といいます（「育児・介護休業法のあらまし（令和2年11月作成)」）。

A．介護保険制度の要介護状態区分において要介護2以上であること

B．図表2-6の状態①～⑫のうち、「2」が二つ以上または「3」が一つ以上該当し、かつ、その状態が継続すると認められること

図表 2-5　介護休業の対象家族の範囲

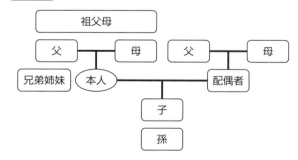

資料出所：厚生労働省「育児・介護休業法のあらまし（令和2年11月作成)」
　　　　　（一部改変）

図表 2-6　常時介護を必要とする状態に関する判断基準

項　目 ＼ 状　態	1 [注 1]	2 [注 2]	3
①座位保持（10 分間一人で座っていることができる）	自分で可	支えてもらえればできる [注 3]	できない
②歩行（立ち止まらず、座り込まずに 5 m程度歩くことができる）	つかまらないでできる	何かにつかまればできる	できない
③移乗（ベッドと車いす、車いすと便座の間を移るなどの乗り移りの動作）	自分で可	一部介助、見守り等が必要	全面的介助が必要
④水分・食事摂取[注 4]	自分で可	一部介助、見守り等が必要	全面的介助が必要
⑤排泄	自分で可	一部介助、見守り等が必要	全面的介助が必要
⑥衣類の着脱	自分で可	一部介助、見守り等が必要	全面的介助が必要
⑦意思の伝達	できる	ときどきできない	できない
⑧外出すると戻れない	ない	ときどきある	ほとんど毎回ある
⑨物を壊したり衣類を破くことがある	ない	ときどきある	ほとんど毎日ある[注 5]
⑩周囲の者が何らかの対応を取らなければならないほどの物忘れがある	ない	ときどきある	ほとんど毎日ある
⑪薬の内服	自分で可	一部介助、見守り等が必要	全面的介助が必要
⑫日常の意思決定[注 6]	できる	本人に関する重要な意思決定はできない[注 7]	ほとんどできない

資料出所：厚生労働省「育児・介護休業法のあらまし（令和2年11月作成）」
[注]　1.　各項目の「1」の状態中、「自分で可」には、福祉用具を使ったり、自分の手で支えて自分でできる場合も含む。
　　　2.　各項目の「2」の状態中、「見守り等」とは、常時の付き添いの必要がある「見守り」や、認知症高齢者等の場合に必要な行為の「確認」「指示」「声かけ」等のことである。
　　　3.　「①座位保持」の「支えてもらえればできる」には背もたれがあれば一人で座っていることができる場合も含む。
　　　4.　「④水分・食事摂取」の「見守り等」には動作を見守ることや、摂取する量の過小・過多の判断を支援する声かけを含む。
　　　5.　⑨「3」の状態（「物を壊したり衣類を破くことがほとんど毎日ある」）には「自分や他人を傷つけることがときどきある」状態を含む。
　　　6.　「⑫日常の意思決定」とは毎日の暮らしにおける活動に関して意思決定ができる能力をいう。
　　　7.　慣れ親しんだ日常生活に関する事項（見たいテレビ番組やその日の献立等）に関する意思決定はできるが、本人に関する重要な決定への合意等（ケアプランの作成への参加、治療方針への合意等）には、指示や支援を必要とすることをいう。

2 社会保険料の取り扱いと介護休業給付金の申請

［1］介護休業期間中の社会保険料の取り扱い

　介護休業期間中は労務の提供がないものの、従前の雇用契約は継続していることから、社会保険にも継続して加入します。

　介護休業は育児・介護休業法に基づいた休業制度ではあるものの、育児休業期間中とは異なり、介護休業期間中の社会保険料（健康保険料・介護保険料・厚生年金保険料）の徴収の免除は法制化されていません。つまり、介護休業を取得することによって労務の提供がなされず、給与の一部または全部が支給されていないときには給与から社会保険料が控除できない場合があります。そのようなときのために、従業員が負担すべき社会保険料の徴収方法を事前に決めておく必要があります（ 3 ［1］参照）。

　なお、雇用保険料は、給与の支給額に雇用保険率を乗じて計算することから、給与が支給されないときには保険料が発生しないため、このような問題は生じません。

［2］介護休業給付金の申請

　介護休業期間中に給与が支給されないときは、雇用保険から対象家族 1 人につき 3 回まで、通算 93 日を限度として介護休業給付金が支給されます。介護休業を取得する従業員に介護休業給付金を受給する資格があるかを確認し、受給資格があったときには原則として「休業開始時賃金日額×支給日数の 67％」が支給されます。

　介護休業は 3 回に分割して取得できることになっており、分割して取得したときは、介護休業給付金も分割して申請し、支給されます。この際、分割して取得する介護休業ごとに、休業を開始するときの給与額を届け出ることにより、休業開始時賃金日額が決まります。そのため、例えば 1 回目の介護休業からの復帰後に、介護短時間勤務制度を利用することにより給与額が減ると、その後 2

回目の介護休業を取得したときには、休業開始時賃金日額が 1 回目より低くなる、つまり介護休業給付金の額が少なくなる可能性があります。

　介護休業給付金の申請は、1 回の介護休業の長さにかかわらず、また、2 回以上に分割して介護休業を取得するときであっても、介護休業終了日の翌日から起算して 2 カ月を経過する日の属する月の末日までに行います。

　会社によっては、介護休業が取得できる期間を、法令で定められている通算 93 日を超えて認めていることもありますが、介護休業給付金の支給対象となる期間は会社の制度にかかわらず通算 93 日が限度です。そのため、例えば、図表 2-7 のように介護休業を 6 カ月取得したようなときであっても、介護休業給付金の支給は 3 カ月のみであり、介護休業給付金の申請は「実際の」介護休業が終了してからではなく、「介護休業給付金の支給対象となる」介護休業が終了したときから起算した期間内に手続きを行わなければならないため、注意が必要です。

図表 2-7　6 カ月間介護休業を取得した場合の
介護休業の期間と給付金の申請

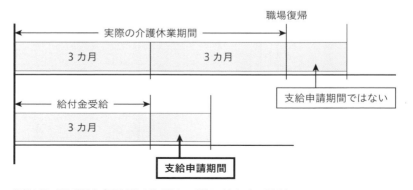

資料出所：厚生労働省「雇用保険事務手続きの手引き（令和2年8月版）」

3 給与計算での留意点

[1] 介護休業期間中の給与と社会保険料の徴収

　介護休業期間中は、ノーワーク・ノーペイの原則により給与を支給せずとも問題ありません。ただし、事前に、介護休業期間中の給与の取り扱いを賃金規程や育児・介護休業規程に規定しておくことになります。

　介護休業期間中に給与が支給されないときは、給与から社会保険料を控除できない場合もあることから、従業員が負担する社会保険料の徴収方法を決めておくことが求められます。

　その方法としては、以下の①～③が考えられます。

①会社の指定する口座に、従業員が振り込む

②従業員が会社に現金を持参する

③会社がいったん立て替え、介護休業から復帰後に、立て替えた社会保険料を給与から控除する

　いずれの方法であっても、従業員から徴収した社会保険料は所得税法上の社会保険料となることから、「給与所得の源泉徴収票」の「社会保険料等の金額」に記載するとともに、取り決めた方法は賃金規程や育児・介護休業規程に明記するほか、介護休業を取得する従業員に説明をしておくとよいでしょう。

[2] 所得税と特別徴収している住民税の取り扱い

　所得税は、支給される給与に基づき計算されるため、介護休業期間中に給与が支給されないときは源泉徴収すべき所得税は発生しません。

　一方、住民税は、前年の所得に基づいて税額を計算する仕組みになっています。特別徴収として給与から控除している場合には、会社が支給する給与から住民税を控除することができなくなることがあるため、対応を検討する必要があります。特別徴収から従業員が

個人で納付する普通徴収に切り替えるほか、**3**[1]の社会保険料と同じような徴収方法を検討してもよいかもしれません。

[3] その他、給与から控除するもの

　互助会や親睦会などの会費を、賃金控除に関する協定に基づき給与から控除している会社では、介護休業期間中のこれらの会費の要否や控除の可否も問題となることがあります。労働組合の組合費も、また同様です。

　特に介護休業は3回に分割して取得できることから、短期間の介護休業を複数回取得する従業員もいるため、なおさらです。長期間の休業であれば、その期間の会費は徴収しないという運用が見られますが、この「長期間」の基準が明確になっていないと、判断に迷うことがあります。会費の徴収ルールが明確になっているか、徴収が必要なときに給与から控除できない場合はどうするかについても確認しておきたいものです。

従業員への要説明事項・要手続き事項

　このケースは介護休業を取得する内容ですが、休業せずに働きながら家族の介護を行うことも多いでしょう。別居する家族の介護のために、会社の行き帰りにその家族の家に直接向かう際に遭った事故については通勤災害の例外が適用できることから、関連事項としてここで併せて確認しておきます。

　労災保険では、通勤中の事故による負傷、疾病、障害または死亡について、通勤災害としての補償の対象としています。ただし、通勤中に合理的な通勤経路から逸脱・中断した場合、その間（図表2-8の②④⑤⑥）、および、合理的な通勤経路に復帰後の移動の間（同③）の負傷等については、原則労災保険の補償の対象として扱われません。

図表 2-8 通勤災害における「合理的な通勤経路」の逸脱・中断

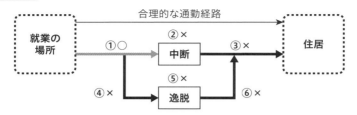

○：通勤として認められるもの　　×：通勤として認められないもの

資料出所：厚生労働省「平成29年1月1日〜労災保険の通勤災害保護制度が変わりました」

　ただし、日用品の購入など日常生活上必要な行為のために合理的な通勤経路を逸脱・中断した場合には、合理的な通勤経路に復帰した後の移動の間（同③）の事故による負傷等について、例外的に労災保険の補償の対象となります。要介護状態にある対象家族の介護を継続的に、または反復して行っているときには、この「日常生活上必要な行為」と判断されます。

🔅 今後のために〜整備・対応しておくべき事項

　介護と仕事の両立がうまくいかないことで従業員や会社に支障が出ないよう、制度を整備するとともに、従業員の状況を早めに把握できるようにしたいものです。実際に状況をみてみると、介護休業を取得できないこととすることができる従業員のほか、年齢的にも対象となりやすい管理監督者も、対象家族の介護に関する課題を抱えていることがあります。

1 介護休業を取得できないこととすることができる　従業員

　有期契約の従業員は、申し出時点において以下の(i)(ii)のいずれにも該当するとき、介護休業を申し出ることができます。

(ⅰ)入社 1 年以上であること

(ⅱ)介護休業開始予定日から起算して 93 日経過日から 6 カ月を経過
する日までに労働契約期間が満了し、更新されないことが明らか
でないこと

　一方、労使協定を締結することにより、会社は以下の従業員につ
いて介護休業の申し出を拒むことができます。

①入社 1 年未満の従業員

②申し出の日から 93 日以内に雇用関係が終了することが明らかな
従業員

③ 1 週間の所定労働日数が 2 日以下の従業員

　ただし、会社がすべての有期契約の従業員について介護休業の取
得を認めたり、労使協定は締結せずに勤続年数等にかかわらずすべ
ての従業員につき介護休業の申し出を認めることは差し支えありま
せん。

　このとき、介護休業の申し出ができない有期契約の従業員は雇用
保険の介護休業給付金の受給資格を満たすことができず、上記①〜
③の従業員は受給資格を満たすことができない可能性が高いです。
会社がすべての従業員の介護休業の取得を認めることで従業員の介
護離職を防ぐことにはつながるものの、介護休業給付金を受給でき
ないことで介護休業期間中の収入に課題が生じる可能性がある点に
も、注意しておきましょう。

2 管理監督者

　介護休業は一般の従業員だけではなく、労働基準法 41 条 2 号で
定められている、いわゆる管理監督者も取得できます。介護休業が
主として高齢の両親を介護することを想定した休業であることから
すると、男性や管理監督者からの申し出も今後増加することが見込
まれ、女性からの申し出の多い育児休業と同様には考えられない面

もあります。例えば、管理監督者から申し出があったときには、その従業員が担っていた役割（役職）を休業期間中にはどのようにするか等の検討が必要となります。場合によっては、場所を選ばない働き方として、テレワーク等も選択肢となるでしょう。

　なお、従業員が家族を介護することを支援するための制度には、このほか、所定外労働の制限（所定労働時間を超えて労働をさせない）や時間外労働の制限（1カ月について24時間、1年について150時間を超えて時間外労働をさせない）等の制度がありますが、管理監督者は労働時間等に関する規定が適用除外とされており、自ら労働時間管理を行える立場にあることから、これらの制度の適用対象としなくても問題ありません。

CASE 6 会社の業績悪化に伴い、一時的に従業員を休業させたい……

Q 大手取引先からの受注が大幅に縮小したF社は、新たな取引先を探していたものの、なかなか見つからず、このまま従業員を出勤させても就かせる仕事がないことから、従業員が就業時間の大部分を持て余すことが予想されます。そこで当面の間、毎週金曜日を会社都合の休業とすることを検討しています。休業は初めての経験ですが、どのような点に注意すればよいでしょうか……。

A 所定労働日について会社都合で休業するときには、平均賃金の6割以上の休業手当の支払いが必要になります。休業手当に関する給与や社会保険の取り扱いを確認するとともに、休業により従業員の給与が減るときには、副業・兼業の許可も検討するとよいでしょう。

これだけは押さえたい！

　会社都合による休業では、従業員からの労務の提供はないものの、会社は労働基準法に基づき従業員に休業手当を支払う必要があります。この休業手当は、社会保険や所得税において報酬や賃金、給与と同様に取り扱います。また、一定の要件を満たすことで、雇用調整助成金が支給されるため、助成金の活用などにより従業員の雇用維持の方法をまずは考えたいものです。

押さえておきたい基本事項と留意点

1 会社都合の休業と休業手当の支払い

　業務量の大幅な減少や自然災害をはじめとしたさまざまな理由により、本来であれば勤務すべき所定労働日に従業員を働かせること

ができない状況が発生し、やむなく休業することがあります。

　会社としては、休業したことにより従業員から労務の提供を受けることがないため、ノーワーク・ノーペイの原則に従って給与の支払いを行わない（実際には賃金規程の規定に従う）こととなりますが、休業の理由が会社都合（使用者の責に帰すべき事由）であるときには、休業1日につき、平均賃金の6割以上の額を「休業手当」として従業員に支払う必要があります（労働基準法26条）。

2 休業手当と社会保険や税金の取り扱い

[1] 健康保険・厚生年金保険の随時改定と定時決定

　社会保険（健康保険・厚生年金保険）では、会社都合により休業することを「一時帰休」と表現します。一時帰休で支払われる休業手当は報酬に含まれます。支払われる休業手当の額が通常の給与の額よりも低額であるときは、固定的賃金の変動として捉えられ、休業手当が支払われることとなった月を基準として休業が3カ月を超える場合に随時改定に該当するかの確認をします。

　また、4〜6月に支給される給与に休業手当が含まれる場合は、7月1日時点でその一時帰休が終わっているかを判断し、定時決定の算定対象となる月を決定します。具体的には、日本年金機構により示された図表2-9を参考に、個別に対応することになります。

　なお、豪雨や台風、地震等の大規模な災害等では、標準報酬月額の取り扱いについて特例が設けられることがあります。例えば、新型コロナウイルス感染症による休業では、休業手当が支払われた翌月から任意で標準報酬月額を改定できる特例が設けられました。

[2] 雇用保険料の計算と離職票

　労働保険では、休業手当は賃金に含まれます。そのため、給与計算を行うときには、休業手当も含めた支給額に雇用保険率を乗じて

図表 2-9　　一時帰休による休業手当等が支給された場合の定時決定等の例

	4 月	5 月	6 月	7 月	8 月	9 月	定時決定の算定対象月	随時改定月
1	●	○	○	☆	○	○	5・6 月	
2	●	●	●	☆	○	○	従前等級で決定	
3	●	●	●	★	○	○		7 月改定
4	○	●	●	★	○	○	4・5・6 月	
5	○	●	●	★	●	○		8 月改定
6	○	○	●	★	●	○	4・5・6 月	
7	○	○	●	★	●	●		9 月改定

○：通常の報酬が支給された月　　☆：一時帰休解消
●：一時帰休による休業手当等が支給された月　　★：一時帰休未解消

資料出所：日本年金機構ホームページ

雇用保険料を計算します。

　従業員の退職等により「雇用保険被保険者離職証明書」（以下、離職票）を作成する際、離職票に記載すべき賃金額に休業手当が支給された期間が含まれるときは、図表 2-10 のように「⑬備考」欄に休業日数および休業手当の額等を記入する必要があります。

　なお、基本手当を受給するときの賃金日額の計算に休業手当が支払われた日も含めることで、休業手当の支払いのない通常の賃金が支払われたときと比べて賃金日額が低額になる可能性があるため、休業手当が支払われた日数や休業手当の額を除いて基本手当を計算する方法が設けられています。ただし、この計算方法は休業の期間等により異なるため、ここでの詳細な解説は割愛します。

［3］所得税の計算方法

　所得税の計算においては、休業手当は通常の給与と同様に給与所得として取り扱います。休業手当を支払った旨の報告を行うこと等は不要であり、年末調整においても、通常の給与と同様の取り扱いにより計算します。

図表 2-10 休業手当の支払いがあった場合の離職票の記載例

								④離職年月日	令和	年 2	月 10	日 31

離職の日以前の賃金支払状況等

⑧ 被保険者期間算定対象期間		⑨⑧の期間における賃金支払基礎日数	⑩ 賃金支払対象期間	⑪⑩の基礎日数	⑫ 賃金額			⑬ 備考
Ⓐ 一般被保険者等 / 離職日の翌日 11月1日	Ⓑ 短期雇用特例被保険者				Ⓐ	Ⓑ	計	
10月1日 ～ 離職日	離職月	20	10月1日 ～ 離職日	20日		120,000		
9月1日 ～ 9月30日	月	17	9月1日 ～ 9月30日	17日		102,000		
8月1日 ～ 8月31日	月	19	8月1日 ～ 8月31日	19日		102,000		休業5日 18,000円
7月1日 ～ 7月31日	月	22	7月1日 ～ 7月31日	22日		132,000		
6月1日 ～ 6月30日	月	21	6月1日 ～ 6月30日	21日		118,800		休業3日 10,800円 休業期間中の所定休日2日
5月1日 ～ 5月31日	月	20	5月1日 ～ 5月31日	20日		120,000		
4月1日 ～ 4月30日	月	20 日	～	日				
3月1日 ～ 3月31日	月	22 日	～	日				
2月1日 ～ 2月29日	月	18 日	～	日				
1月1日 ～ 1月31日	月	20 日	～	日				
12月1日 ～ 12月31日	月	21 日	～	日				
11月1日 ～ 11月30日	月	20 日	～	日				
～	月	日	～	日				

［例示説明］
　事業主の都合により休業が実施され、労働基準法第26条による休業手当が支払われた場合。

［記入留意事項］
　⑬欄に「休業」の表示、休業日数、休業手当を記入してください。
　⑨欄及び⑪欄の基礎日数には休業手当の支払われた日数を含めて記入してください。
　⑫欄の賃金額には賃金＋休業手当額を記入してください。
　また、一日のうちの一部が休業した場合であって、休業した部分について休業手当が支給された場合は、休業手当を除いた賃金額が平均賃金の60％以上の場合には休業日数については記載の必要はありません（賃金＋休業手当額がその日の賃金となります。）。休業手当を除いた賃金額が平均賃金の60％未満の場合には、休業日数は1日とし、その日に支払われた休業手当＋賃金の額を⑬欄に記載してください。
　月給者および月間全部を拘束する意味の月給者以外の月給者の方で、休業手当が支払われた日とその直後の休業手当が支払われた日との間に就業規則等に規定された所定休日のみがある場合には、その休日については休業期間中の所定休日として記入してください。

［参考］
　日給者　日額 6,000 円
　休業手当（労働基準法第 26 条）

資料出所：厚生労働省「雇用保険事務手続きの手引き（令和2年8月版）」（太枠は筆者によるもの）

3 休業手当の支払い時期

　休業手当は労働の対償としての賃金ではないため、支払い時期について迷いますが、通達（昭 25.4.6　基収 207、昭 63.3.14　基発 150・婦発 47）では、休業手当を賃金として取り扱い、所定の給与の支払日に支払うことと示されています。そのため一般的には、給与と合わせて計算して支払うことが多くなっています。

　既に確認した社会保険の取り扱いや離職票への記入を踏まえると、通常の給与と休業手当を分けて賃金台帳や給与明細に記しておけば、事務処理がスムーズに進み、後日、確認するときも分かりやすくなるでしょう。

従業員への要説明事項・要手続き事項

1 会社都合の休業に関する説明

　会社都合の休業期間（休業の長さ）の上限等については法令の定めがなく、会社が従業員に休業をどのように通知するかということも定められていません。

　一方で、休業が長期にわたる可能性があるような場合には、休業期間や休業日に対する給与の取り扱いに対して従業員が不安を抱くことがあります。従業員への説明の方法はさまざまですが、口頭での説明のほかに、例えば図表 2-11 のような文書によって、従業員やその家族に先の見通しを示すことが考えられます。

2 休業手当の支給と支給率

　実際に休業手当を支払う際の計算を、順を追って確認します。

[1] 休業手当の計算

　労働基準法では、「事由の発生した日以前 3 カ月間に、その労働者に支払った賃金の総額を、その期間の総日数（暦日数）で除した

図表 2-11 休業実施に係る社内通知文（例）

年　　月　　日

従業員各位

代表取締役　○○○○

受注量減少に伴う休業の実施について

　すでにお知らせしたとおり、社会環境の急激な変化に伴い、当社の主要取引先からの受注が大幅に減少し、当面の間、他の取引先からの受注も期待できないことから、やむを得ず一時的に会社を休業する日を設けることになりました。具体的な休業の実施は、下記のとおりとなります。

　今後は、既存の取引先からの受注の増加や新規取引先の開拓等、でき得る限りの対応を進め、この状況から脱却できるよう活動を進めていきます。従業員のみなさんのご協力をよろしくお願いいたします。

記

1. 休業対象者

　当社の正社員および休業期間に所定労働日のある契約社員、パートタイマー、アルバイト

2. 休業予定期間

　○年○月○日から○年○月○日における毎週金曜日（終日）

3. 休業中の処遇

　休業日については、賃金規程第○条の欠勤控除として給与を減額させていただきます。ただし、会社都合の休業となるため、労働基準法第26条に従い平均賃金の6割を「休業手当」として支給します。

4. 休業日の取り扱い

　休業日は出勤を要しませんが、副業・兼業を行うときには、就業規則に則って許可を受けてください。なお、状況によっては休業日が変更となる可能性がありますので、ご了承ください。

以上

金額」に 6 割以上の率を乗じて算出した額の休業手当を、会社都
合の休業日に対して支払うこととされています。

　休業手当の支給率を 6 割とした場合の休業手当の算出例は、次
のとおりです。

【例】 1 日当たりの休業手当の額（月給制のケース）

給与計算期間	暦日数	支給額
3 月 1 日〜 3 月 31 日	31 日	281,330 円
4 月 1 日〜 4 月 30 日	30 日	281,330 円
5 月 1 日〜 5 月 31 日	31 日	281,330 円
合計	92 日	843,990 円

● 平均賃金の計算

　843,990 円 ÷ 92 日（暦日数）＝ 9,173 円 8043……

　→ 9,173 円 80 銭（銭未満を切り捨て）

● 1 日当たりの休業手当の計算（支給率 6 割の場合）

　9,173 円 80 銭 × 0.6 × 1 日 ＝ 5,504.28 円

　→ 5,504 円（50 銭未満切り捨て、50 銭以上切り上げ）

---

[2] 休業日の給与控除額

　ノーワーク・ノーペイの原則に従い、休業日（不就労日）の給
与を控除することになっているケースにおいて、休業日 1 日に対
して 1 カ月当たりの平均所定労働日数で除した額を控除する場合、
上記 [1] の例の支給額を基に計算した休業 1 日当たりの控除額は、
次のとおりとなります。

● 休業 1 日当たりの控除額の計算

　281,330 円 ÷ 20 日 ＝ 14,066.5 円

　※ 1 カ月当たりの平均所定労働日数を 20 日として計算

---

［3］ 休業手当と給与控除額の比較

　平均賃金の 6 割以上という表現から、休業手当は 1 日当たりの給与額の 6 割程度が支払われると考えがちですが、前記 ［1］［2］の例のように、実際には 1 日当たりの給与額の 4 割程度（5,504円〔休業手当〕÷ 14,066.5 円〔給与控除額〕≒ 39.1 ％）にとどまる可能性があります。そのため、休業する際には、休業手当の支給率の水準を検討するとともに、平均賃金の 6 割とする場合であっても、実際にはどの程度の水準（金額）になるかを事前に従業員に伝えておくことが、休業後のトラブルを防止することにつながります。

　この休業手当の計算は、**3** の雇用調整助成金の支給額の計算にも影響するため、助成金の受給を検討する場合には、事前に休業手当の額と助成金の支給額をシミュレーションしてみるとよいでしょう。

　なお、ここでの例は基本的な考え方を示したものであり、平均賃金の細かな計算方法や休業 1 日当たりの控除額は、法令や自社の賃金規程に従って計算してください。

3 雇用調整助成金

　景気の変動、産業構造の変化その他の経済上の理由によって事業活動の縮小を余儀なくされた会社が、一時的な雇用調整を実施することによって従業員の雇用を維持したときには、雇用調整助成金を利用することができます。

　売上高や生産量などの事業活動を示す指標が一定程度減少していること等、細かな受給要件の下で申請手続きを行うことで、休業を実施した場合の休業手当の 2 分の 1（中小企業は 3 分の 2）が助成されますが、リーマンショック時や新型コロナウイルス感染症の感染拡大時には、この助成金の要件が大幅に緩和され、助成額が引き上げられる特例措置が設けられました。

4　災害時における雇用保険の特例措置

　豪雨や台風、地震等による大規模な災害が発生し、その影響で会社を休業するときには、被災地域を中心に、臨時的に雇用保険の特例措置が設けられることがあります。

　一つ目は雇用調整助成金についてであり、災害に伴う経済上の理由により、会社が従業員を休業等させる場合に、助成率や支給日数の上限の引き上げ等が行われます。

　二つ目は雇用保険の基本手当についてであり、災害により休業した場合や一時的に離職した場合（再度、雇用されることが予定されている場合も含む）であっても支給されることがあります。

　これらの特例の対象は、災害ごとに決定されます。

5　休業中の副業・兼業の取り扱い

　会社都合による休業では、休業手当が支払われる一方で、通常の給与額よりも低額となることがあり、また、受注量の減少等に連動して時間外労働や休日労働が少なくなり、それに対する手当が減る（なくなる）こともあります。

　従業員は働くことができる状態にもかかわらず、休業期間中は労務を提供する場がない状態となり、特に休業が長期にわたるときには、収入の大幅な減少が予想されることから、休業中における副業・兼業の希望者が出てくることがあります。

　会社都合で休業している従業員の収入の確保を考えるのであれば、副業・兼業を原則禁止としている会社であっても、従業員の生活も考慮して、手続きを踏むことで副業・兼業を許可するといった柔軟な対応を検討したいところです。

　そのような際には、副業・兼業として許可する業務をまとめた上で、一定の範囲内での副業・兼業に限定することも考えられます。

　なお、副業・兼業については、**CASE19** でも取り上げており、

副業の内容を申請する「副業・兼業申請書」の書式例も載せていますので、必要に応じて参照してください。

💡 **今後のために～整備・対応しておくべき事項**

会社の都合により休業せざるを得なくなったときに備えて、休業に関する規定のほか、休業手当の取り扱いについて、あらかじめ就業規則に記載しておくことが求められます。一例として、厚生労働省が公開するモデル就業規則（以下、モデル就業規則）の規定例を、図表2-12で紹介します。

これに併せて、休業日の給与は控除することも賃金規程に明記しておけば、休業日の給与の取り扱いが明確になります。図表2-12のモデル就業規則の規定例を前提にするのであれば、「欠勤等の扱い」の下線部を変更・追記する方法が考えられます。

図表 2-12 休業に関する規定例

（臨時休業）
第○条　会社はやむを得ない事由により、臨時で所定労働日に従業員を休業させることがある。
2　会社側の都合により、所定労働日に従業員を休業させた場合は、休業1日につき労働基準法第12条に規定する平均賃金の6割を支給する。この場合において、1日のうちの一部を休業させた場合にあっては、その日の賃金については労働基準法第26条に定めるところにより、平均賃金の6割に相当する賃金を保障する。
（欠勤等の扱い）
第○条　欠勤、遅刻、早退、私用外出及び会社都合の休業については、基本給から当該日数又は時間分の賃金を控除する。
2　前項の場合、控除すべき賃金の1時間当たりの金額の計算は以下のとおりとする。
(1)　月給の場合
　　　基本給÷1カ月平均所定労働時間数
　　　（1カ月平均所定労働時間数は第○条第○項の算式により計算する）
(2)　日給の場合
　　　基本給÷1日の所定労働時間数

資料出所：厚生労働省「モデル就業規則（令和2年11月）」（一部改変）

CASE 7

景気の悪化に伴い、
会社を畳むことになった……

Q G社では、景気の悪化に伴い業績が急激に落ち込み、今後も回復の見込みがないことから、会社を畳むことにしました。従業員には全員退職をしてもらうことになりますが、退職後の生活ができるだけ不安定にならないように支援をしたいと考えています。どのような点に配慮すればよいでしょうか……。

A 事業を廃止することに伴い従業員を退職させるときは、労働基準法における解雇に該当します。労働基準法の解雇手続きに従うとともに、年次有給休暇の消化等にも配慮するとよいでしょう。社会保険や雇用保険の資格喪失の手続きのほかに、会社として事業を廃止する手続きも発生します。

💡 これだけは押さえたい！

　事業の廃止については「会社を畳む」「会社を清算する」「廃業する」というようなさまざまな表現が用いられますが、ここでは理由を問わず、「事業の廃止」という表現を用いることにします。

　事業の廃止に伴い従業員を退職させる場合は労働基準法上の解雇に当たるため、法令に従った対応が必要になります。社会保険や給与計算に関する手続きは、通常の退職と同様に行うとともに、図表2-13にあるような事業所としての廃止手続きも行います。

　なお、支社や支店、営業所等、事業の一部を廃止するときにも手続きがありますが、ここでは事業全体の廃止についてのみ解説します。

図表 2-13 事業所の廃止に係る主な手続き書類等（事業所関係）

制 度	書 類	提 出 期 限
社会保険	健康保険・厚生年金保険適用事業所全喪届	廃止した日から 5 日以内
雇用保険	雇用保険適用事業所廃止届	廃止した日の翌日から起算して 10 日以内
労働保険	労働保険確定保険料申告書 （労働保険料・一般拠出金還付請求書）	廃止した日の翌日から起算して 50 日以内
所得税	給与支払事務所等の廃止届出書	廃止の事実があった日から 1 カ月以内

押さえておきたい基本事項と留意点

1 社会保険の取り扱い

［1］ 事業所の廃止

　社会保険（健康保険・厚生年金保険）の適用となっている事業所の事業を廃止するときには、「健康保険・厚生年金保険適用事業所全喪届」（以下、全喪届）により手続きを行います。添付書類として、解散登記の記入がある法人登記簿謄本の写しや、雇用保険適用事業所廃止届（事業主控）の写しが必要になりますが、これらの添付が困難な場合には、他の添付書類を求められます。

［2］ 被保険者の資格喪失

　事業を廃止し、従業員が退職するときには、当然、社会保険の被保険者資格も喪失します。全喪届の提出で喪失の手続きも行われると考えがちですが、他の退職等と同様に「健康保険・厚生年金保険被保険者資格喪失届」を提出します。また、70 歳以上被用者該当届を提出している従業員（70 歳以上で社会保険に加入すべき労働時間で勤務している従業員）については、「厚生年金保険 70 歳以上被用者不該当届」を提出します。

　健康保険については、資格を喪失した後、①国民健康保険に加入する、②加入している健康保険を任意継続する、③家族が加入する健康保険の被扶養者となるの三つの選択肢があります。事業が廃止された場合でも、いずれも選択できます。

2 雇用保険の取り扱い

［1］事業所の廃止

　雇用保険も社会保険と同様に、事業の廃止の手続きとして「雇用保険適用事業所廃止届」（以下、廃止届）を提出します。事業の廃止に先立ち従業員を退職させ、事業の廃止の残務処理を役員がするような場合には、最後の被保険者の退職日をもって廃止届を提出します。廃止届には、登記事項証明書、閉鎖謄本、労働者名簿、出勤簿等の廃止の事実が確認できる添付書類が必要です。

［2］被保険者の資格喪失

　社会保険と同様に、事業を廃止するときには、従業員の資格喪失の手続きとして「雇用保険被保険者資格喪失届」(以下、資格喪失届)および「雇用保険被保険者離職証明書」（以下、離職票）を廃止届とともに提出します。

　事業所の廃止に伴う退職は、事業主による離職に当たることから、資格喪失届の喪失原因は「3」となり、離職票の離職理由欄は、「1　事業所の倒産等によるもの」のうち「(2)事業所の廃止又は事業活動停止後事業再開の見込みがないため離職」に該当します。この離職理由の場合は、基本手当の受給において特定受給資格者として扱われ、給付制限期間が設けられず、退職時の年齢と加入していた被保険者期間によって基本手当の給付日数が手厚くなることがあります。

3 労働保険料の確定精算と事業廃止

労災保険の事業の廃止には専用の様式がなく、「労働保険確定保険料申告書」（以下、確定保険料申告書）によって、労働保険料を精算するとともに、同様式にて「事業所廃止等年月日」および「事業所廃止等理由」を届け出ることにより行います。

労働保険料（労災保険料・雇用保険料）は、当年度分のおおよその額を概算保険料として納付し、実際に従業員に支払った給与額に基づき翌年度に確定保険料を算出して過不足額を精算します（労働保険の年度更新）。そのため、年度の途中で事業を廃止することになった場合には、当年度における事業の廃止までの労働保険料の計算を行い、過不足額を精算する必要があります。

確定保険料と一般拠出金額との合計額が概算保険料の額を超えているときには、その差額を納付書により納付することで労働保険料の精算および事業所の廃止手続きが完了します。

確定保険料と一般拠出金額との合計額が概算保険料の額より少ないときは、差額の還付を受ける必要があるため、「労働保険料・一般拠出金還付請求書」（以下、還付請求書）を確定保険料申告書とともに提出します。

還付金は、還付請求書に記入した法人の金融機関の口座に振り込まれますが、事業所の廃止により口座が閉鎖となるときは、還付請求書に受け取りを希望する郵便局を指定することにより、指定した郵便局で現金を受け取ることができます。なお、郵便局で現金を受け取る方法以外にも、法人の事業主の個人の銀行口座に振り込みが行われる例もあるため、事業所管轄の労働局に事前に照会するとよいでしょう。

4 給与支払事務の廃止

会社は従業員に給与を支払うとき、給与から所得税を源泉徴収し

て納付する、給与支払事務を行います。事業を廃止すると、給与を支払うことがなくなり、当然、この給与支払事務も終わることになるため、「給与支払事務所等の廃止届出書」を税務署に提出します。

5　住民税の納付方法の変更

　住民税を特別徴収していた場合で、事業を廃止した際には通常の退職と同様の手続きをします。具体的には、「給与支払報告・特別徴収に係る給与所得者異動届出書」（以下、異動届）で普通徴収に切り替えるか、転職先が決まっているときには、異動届に転職先の情報を記入することで、転職先で継続して特別徴収ができるようにします。

　なお、従業員の退職日が 1 月 1 日から 4 月 30 日までの場合は、1 年分として指定された住民税の未徴収分を、原則として給与または退職金等から一括徴収により納付することになっています。

　住民税の特別徴収について、事業の廃止に関する手続きは特になく、市区町村に提出する給与支払報告書を提出する際に退職日を記入することで特別徴収者がゼロとなり、特別徴収の手続きは終了します。なお、事業を廃止するときでも、廃止する年に従業員に給与を支払った場合には、市区町村に給与支払報告書を提出する義務があります。

6　ハローワークへの届け出

　社会保険や給与計算に係る届け出のほかに、1 カ月以内に一定数以上の従業員が退職をするときには、別途、ハローワークへの届け出が必要となります。

(1)　大量雇用変動届

　自己都合や自己の責めに帰すべき理由によらないで、一つの事業所において 1 カ月以内に 30 人以上の退職者の発生が見込まれると

きは、最後の退職が生じる日の少なくとも1カ月前までに提出することが必要です。

(2) 多数離職届

一つの事業所において、1カ月以内に5人以上の高年齢者等が解雇等により退職する場合には、退職者数や当該高年齢者等に関する情報等の届け出が必要です。

(3) 再就職援助計画

経済的事情により、1カ月以内に30人以上の労働者が退職を余儀なくされることが見込まれる場合には、最初の退職が発生する1カ月前までに再就職援助計画を作成してハローワークに提出し、認定を受ける必要があります。

従業員への要説明事項・要手続き事項

1 事業廃止の通知と解雇予告

事業の廃止に伴い、通常、従業員は退職となります。事業の廃止前(会社が従業員を退職とする日より前)に退職を申し出た従業員を除き、事業の廃止を通知することが解雇に当たることから、労働基準法に基づき30日以上前に解雇予告をするか、30日分以上の解雇予告手当の支払いが必要になります(同法20条)。

この解雇予告手当は、解雇通知と同時に支払う必要があります。解雇予告をせずに事業廃止の直前に解雇を行うようなときには、解雇通知とともに現金にて解雇予告手当を用意するほか、図表2-14のような受領確認書を従業員に書いてもらうことが望まれます。

解雇予告手当を支払うその他の方法として、給与を支給する金融機関の口座等に振り込むことが考えられます。解雇予告手当は賃金とは異なる一方で、通達(昭23.8.18　基収2520)で通貨払いや直接払いを指導するように指示されていることから、給与を支給す

図表 2-14　解雇予告手当受領確認書（例）

解雇予告手当受領確認書

年　　　月　　　日

　　　　　　　　　　　　　　　殿

　本日、即時解雇の通知と共に、解雇予告手当として、金　　　　　　円
を受領したことをここに確認します。

氏　名　　　　　　　　　　　　　　印

る口座等へ振り込むときには念のため、同意を得る必要があるでしょ
う。金融機関の口座等へ振り込む際には、解雇通知を行う日に受け
取れる状態にしておく必要があるため、振り込まれる日にも注意が
必要です。

　なお、解雇予告手当は、社会保険では報酬等に該当せず、労働保
険でも賃金に該当しません。また、所得税においては、給与所得で
はなく退職所得に該当します。

2 事前検討が求められる事項

　事業の廃止による退職では、廃止後に勤務することや退職時期を
従業員が自ら選択できないため、以下のような点がトラブルになり
やすいものです。

［1］年次有給休暇の取り扱い

　年次有給休暇は退職日より後には取得できないため、従業員の中
には、残った年次有給休暇を退職日までにできる限り取得すること
を希望する人が出てきます。会社が時季変更権を行使したとしても、

取得日を退職日より後に変更することはできないため、結果として退職日以前の日に時季指定できる場合を除き、従業員の希望する日に取得することになります。ある程度、年次有給休暇の取得も見越した退職日の設定を考えておく必要があります。

[2] 賞与の取り扱い

賞与は一般的に算定対象期間が決められており、その算定期間における会社業績や従業員の勤務成績、人事評価等を加味して支給額を決定します。事業を廃止するときには、退職日までに経過する算定対象期間に係る賞与の取り扱いを検討する必要があります。

例えば、賞与の決定方法が下表のように決まっている場合において、9月30日に事業を廃止する際に、冬季賞与の算定対象期間である5月1日から9月30日までの5カ月分の賞与の取り扱いが問題となります。

	賞与支給日	算定対象期間
夏季賞与	6月15日	前年11月1日〜4月30日
冬季賞与	12月15日	5月1日〜10月31日

対応としては、①賞与支給日が到来していないため支給しない、②算定対象期間のうち在籍している5カ月分等を9月30日（以前）に支給する、③算定対象期間のうち在籍していた5カ月分等を12月15日に支給するといった方法が考えられます。

事業を廃止する以上、③を選択する可能性は相当程度低いと思いますが、仮に③のように社会保険の資格喪失日（退職日の翌日）が属する月以降に支給する場合には、社会保険（健康保険・厚生年金保険）では被保険者期間中に支給された賞与とは取り扱わないことから、支給する賞与から社会保険料を控除することは不要です。一方、労働保険料は、算定対象期間において被保険者であれば賃金と

して扱います。また、賞与は給与所得に該当するため、事業の廃止後、数カ月経過してから支給することになる③においても、会社が源泉徴収する必要があり、源泉徴収した所得税を納付するとともに、従業員に交付する給与所得の源泉徴収票の支払金額等にも記載します。

[3] 退職金

退職金制度を設けている会社では、事業の廃止であっても退職金を支払うことになります。

退職金には、自己都合退職、会社都合退職、定年退職といった退職理由によって支給額や支給率を変更するケースがあります。一般的に、事業の廃止は会社都合退職として扱いますが、実際には退職金規程の定めに従います。仮に事業の廃止により退職金を支払う原資がないような場合でも、退職金規程に沿った支払いの義務が発生します。

今後のために～整備・対応しておくべき事項

1 未払賃金立替払制度

従業員への給与の支払いが遅延したり、支払いができなくなったりする状況で事業を廃止したときには、支払われるべき賃金が、長期にわたり従業員に支払われないことが予想されます。このような状況を回避するため、独立行政法人労働者健康安全機構による未払賃金立替払制度が設けられています。

この制度は、会社が倒産したことにより、賃金が支払われないまま退職した従業員に対し、会社に代わって賃金の一部を立て替え払いする制度です。

立て替え払いの対象となる賃金は、従業員が退職した日の 6 カ月前から立て替え払い請求日の前日までに支払期日が到来している

給与と退職金のうち、未払いとなっているものであり、賞与は対象になりません。立て替え払いがされる額は、未払賃金額の8割で、退職時の年齢に応じて上限額が設けられています。

なお、立て替え払いされたものは、独立行政法人労働者健康安全機構がその分の賃金債権を代位取得し、本来の支払責任者である事業主に求償することになるため、会社（事業主）として支払いが不要になるわけではありません。

2 退職証明書の発行

退職した従業員から、在職中の契約内容等について証明書の交付請求があったときには、図表2-15の退職証明書を交付します（労働基準法22条）。

退職証明書の記載事項は、次のとおりです。

- 使用期間
- 業務の種類
- 事業における地位
- 賃金
- 退職の事由（退職の事由が解雇の場合にあっては、その理由を含む）

解雇の場合には、退職の事由として具体的な解雇理由を記入しますが、本人が退職証明書へ記入することを請求していない事項は、記入してはならないことになっています。

また、解雇予告の日から退職の日までに従業員から証明書の交付請求があったときには、図表2-16にあるような解雇理由証明書を交付します。このケースでは、「事業縮小等当社の都合」の項目に記入して交付することになります。

図表 2-15 退職証明書

別　紙

ア　天災その他やむを得ない理由（具体的には、　　　　　　　　　によって
　　当社の事業の継続が不可能になったこと。）による解雇

イ　事業縮小等当社の都合（具体的には、当社が、
　　　　　　　　　　　　　　　　　　　　となったこと。）による解雇

ウ　職務命令に対する重大な違反行為（具体的には、あなたが
　　　　　　　　　　　　　　　　　したこと。）による解雇

エ　業務について不正な行為（具体的には、あなたが
　　　　　　　　　　　　　したこと。）による解雇

オ　相当長期間にわたる無断欠勤をしたこと等勤務不良である
　　こと（具体的には、あなたが
　　　　　　　　　　　　　したこと。）による解雇

カ　その他（具体的には、
　　　　　　　　　　　　　　　　　　　）による解雇

※　該当するものに○を付け、具体的な理由等を（　）の中に記
　　入すること。

退職証明書

　　　　　　　　　殿

以下の事由により、あなたは当社を　　年　　月　　日
に退職したことを証明します。

　　　　　　　　　　　　　　　　年　　月　　日

　　　　事業主氏名又は名称
　　　　使 用 者 職 氏 名

① あなたの自己都合による退職（②を除く。）
② 当社の勧奨による退職
③ 定年による退職
④ 契約期間の満了による退職
⑤ 移籍出向による退職
⑥ その他（具体的には
⑦ 解雇（別紙の理由による。）　　　　　）による退職

※　該当する番号に○を付けること。
※　解雇された労働者が解雇の理由を請求しない場合には、⑦の
　　「（別紙の理由による。）」を二重線で消し、別紙は交付しないこ
　　と。

資料出所：東京労働局ホームページ

図表 2-16 解雇理由証明書

解雇理由証明書

_____ 殿

　当社が、_____年_____月_____日付けであなたに予告した解雇については、以下の理由によるものであることを証明します。

　　　　　　　　　　　　　　　　　　　年　　　　月　　　　日

　　　　　　事業主氏名又は名称
　　　　　　使 用 者 職 氏 名

〔解雇理由〕※1、2
1　天災その他やむを得ない理由（具体的には、

　　　　によって当社の事業の継続が不可能となったこと。）による解雇
2　事業縮小等当社の都合（具体的には、当社が、

　　　　　　　　　　　　　　　　　となったこと。）による解雇
3　職務命令に対する重大な違反行為（具体的には、あなたが

　　　　　　　　　　　　　　したこと。）による解雇
4　業務について不正な行為（具体的には、あなたが

　　　　　　　　　　　　　　したこと。）による解雇
5　勤務態度又は勤務成績が不良であること（具体的には、あなたが

　　　　　　　　　　　　　　したこと。）による解雇
6　その他（具体的には、

　　　　　　　　　　　　　　　　　　　）による解雇

※1　該当するものに○を付け、具体的な理由等を（　）の中に記入すること。
※2　就業規則の作成を義務付けられている事業場においては、上記解雇理由の記載例にかかわらず、当該就業規則に記載された解雇の事由のうち、該当するものを記載すること。

資料出所：東京労働局ホームページ

第3章

こんなときどうする!?

雇用形態の変更等

CASE 8 正社員登用制度を整備したいのだが……

Q H社では、パートタイマーの正社員登用制度が曖昧であることから、今後に向けて整備したいのですが、どのような点に注意が必要でしょうか。なお、H社の正社員は月給制で1日8時間、1週5日の勤務であり、パートタイマーは基本給を時給制で計算しており、正社員よりも所定労働時間数が短い従業員です。

A パートタイム労働者から正社員に登用することで、所定労働時間が延び、社会保険の手続きが必要になることがあります。月給制に変更する際には、登用前後の給与計算の方法も確認しましょう。

これだけは押さえたい！

　パートタイム労働者や有期雇用労働者等の雇用形態があるときには通常の労働者への転換を推進する措置を講じることが、パートタイム・有期雇用労働法で義務化されていることから、会社としては何らかの対応が必要です。なお、中小企業は2021年4月からの適用であり、2021年3月まではパートタイム労働法により短時間労働者に対して正社員への転換を推進する措置を講じることが義務づけられています。

　正社員への登用後は、社会保険の区分変更や随時改定への対応が必要になり、給与計算においては基本給の額の決定や設定の変更が必要になります。同時に賞与や退職金の支給においても、事前確認をしておくことが求められます。

　正社員への登用前後で変更となる労働条件については、就業規則を比較すること等により、まとめておくとよいでしょう。

押さえておきたい基本事項と留意点

1 社会保険の取り扱い

[1] 社会保険の加入

　正社員より労働時間が短いパートタイム労働者やアルバイト（以下、パートタイム労働者）は、1週間の所定労働時間数および1カ月の所定労働日数が同じ事業所で同様の業務に従事している正社員の4分の3以上であるときに、社会保険（健康保険・厚生年金保険）の被保険者となります。なお、社会保険では、正社員のことを「通常の労働者」、パートタイム労働者のことを「短時間就労者」と呼ぶことがあります。

　また、特定適用事業所や任意特定適用事業所（**CASE1** 参照。併せて「特定適用事業所等」）の場合は、正社員の所定労働時間および所定労働日数の4分の3未満であっても、1週間の所定労働時間が20時間以上等の要件を満たすときは被保険者となります。こちらを通常の労働者や短時間就労者と分けて「短時間労働者」と呼びます（**CASE8** では読み進めやすくするため、短時間就労者を「短時間就労者（3/4以上）」、短時間労働者を「短時間労働者（3/4未満）」と表記します）。

　このケースで正社員に登用するときに、パートタイム労働者として社会保険に加入していなかった場合には、正社員に登用した日をもって資格取得の手続きを行うとともに、それまで加入していた健康保険の喪失（異動）手続きを行います。

　健康保険の喪失（異動）手続きは、家族の健康保険の被扶養者となっていたか、国民健康保険の被保険者となっていたか等で異なり、社会保険に加入する会社が行うのではなく、従業員の家族を通じて家族の勤務先が行ったり、従業員が個別に行う手続きです。

[2] 被保険者区分変更の手続き（特定適用事業所等）

　正社員へ登用するパートタイム労働者が登用前から社会保険に加入しており、特定適用事業所等で短時間労働者（3/4 未満）であったときには、通常の労働者へ区分を変更するために、「被保険者区分変更届」の届け出が必要となります。この変更手続きにより、定時決定（算定基礎）において支払基礎日数が変わるという違いはありますが（[4] 参照）、社会保険料の計算方法や各種給付に変わりはなく、健康保険証を差し替える必要もありません。

　ちなみに、通常の労働者と短時間就労者（3/4 以上）は [4] の定時決定の支払基礎日数の取り扱いでは異なるものの、区分として管理されていないことから、区分変更の手続きは不要です。

[3] 随時改定の手続き

　従業員の給与が、昇（降）給等の固定的賃金の変動に伴って大幅に変わったときは、随時改定（月額変更）を行い、定時決定を待たずに標準報酬月額を改定します。ここでいう固定的賃金とは、支給額や支給率が決まっているものをいい、その変動には、次のような場合があります。

①昇給（ベースアップ）、降給（ベースダウン）
②給与体系の変更（日給から月給への変更等）
③日給や時間給の基礎単価（日当、単価）の変更
④請負給、歩合給等の単価、歩合率の変更
⑤住宅手当、役付手当等の固定的な手当の追加、支給額の変更

　正社員に登用することで、基本給が時給から月給へ変わるようなときは②に該当し、登用前後で給与が大幅に変わったかを判断した上で、随時改定の要件に該当するときは「健康保険・厚生年金保険被保険者報酬月額変更届」を届け出ます。

[4] 定時決定の方法

　原則社会保険の全被保険者について、4月〜6月に支給した給与を用いて、標準報酬月額を決定し直します（定時決定）。

　このとき、月給制である被保険者は、暦日が給与計算の基礎となっていることから、出勤日数に関係なく暦日数が支払基礎日数となります。欠勤したことにより、欠勤日数分だけ給与が差し引かれる場合は、就業規則や賃金規程等により会社が定めた日数から欠勤日数を除いた日数が支払基礎日数となります。一方、時給制・日給制である被保険者は、実際の出勤日数（年次有給休暇等の給与が支払われた日を含む）が支払基礎日数となります。

　定時決定では、この支払基礎日数が17日以上（特定適用事業所等に勤務する短時間労働者〔3/4未満〕は11日以上）ある月の給与額を平均して、新たな標準報酬月額が決定されます。

　ただし、短時間就労者（3/4以上）は、支払基礎日数に応じて、以下の方法で行います。

①4月〜6月の3カ月のうち支払基礎日数が17日以上の月が1カ月以上ある場合

　　その月の給与額を平均して（1カ月のみであればその月の給与により）、新たな標準報酬月額を決定する

②4月〜6月の3カ月間のうち支払基礎日数がいずれも17日未満の場合

　　3カ月のうち支払基礎日数が15日以上17日未満の月の給与額を平均して、新たな標準報酬月額を決定する

③4月〜6月の3カ月間のうち支払基礎日数がいずれも15日未満の場合

　　従前の標準報酬月額が引き続き標準報酬月額となる

2 雇用保険の加入

　パートタイム労働者のときに雇用保険に加入していない場合は、正社員に登用されることで雇用保険に加入する必要があります。

　パートタイム労働者のときから既に雇用保険に加入している場合、雇用保険では、所定労働時間等で被保険者を区分していないため、正社員に登用することに伴う手続きはありません。

　正社員に登用された後、退職等により「雇用保険被保険者離職証明書」（以下、離職票）を作成することになったときには、パートタイム労働者であった期間と正社員登用後の期間が混在することもあるため、離職票に記入する内容や方法を誤らないようにしなければなりません。主な違いは図表 3-1 のとおりですが、より詳細な内容は、厚生労働省のホームページからダウンロードできる「雇用保険事務手続きの手引き」等を参考にするとよいでしょう。

3 給与計算等での留意点
[1] 時給から月給への変更等

　このケースでは、正社員に登用することで基本給が時給から月給に変わるため、当然、給与計算に関する各種設定を変更することになります。

図表 3-1 月給者と時給者・日給者での離職票記入内容等の違い

賃金支払基礎日数	
月給者	暦日数または就業規則や賃金規程等により会社が定めた日数（欠勤で減額があるときは欠勤日数分を減らす）
時給者・日給者	出勤日数等の賃金支払いの基礎となった日数（年次有給休暇を取得した日も含む）
賃金額	
月給者	A欄に記載
時給者・日給者	B欄に記載

　基本給や各種手当の金額は会社によって異なりますが、どのような制度であっても給与計算ソフト（給与計算システム）の設定は変更が必要になるでしょう。また、出勤日数や労働時間を管理する勤怠管理ソフト（勤怠管理システム）の設定変更も必要になることがあります。

　どのような点を変更するかは、ソフトの仕様により異なるため一概には言えませんが、主に以下のような項目を中心に賃金規程の内容や給与計算ソフトの取扱説明書等を確認し、個別に変更します。

□給与計算ソフトの設定
- 基本給（時給から月給へ）
- 通勤手当（日額から月額へ）
- 社会保険料の徴収（「なし」から「あり」へ）
- 雇用保険料の徴収（「なし」から「あり」へ）
- 所得税（「乙」から「甲」へ）

□勤怠管理ソフトの設定
- 時給から月給への変更
- 遅刻や早退、時間外労働や休日労働となる時間帯の変更
- 次年度以降の年次有給休暇の日数、付与方法や付与日の変更

　その他、正社員とパートタイム労働者で、給与計算に係る計算期間や支給日が異なる会社もあります。計算期間と支給日の異なりから、重複して支給したり、支給漏れがあったりしやすいため、雇用形態の変更日および計算期間を確認の上、処理を進めることとなります。

[2] 賞与の取り扱い

　パートタイム労働者と正社員で、賞与の支給の有無や支給額に差を設けている会社もあるかと思います。また、パートタイム労働者から正社員への登用後に賞与を支給する場合、賞与の計算方法が明確になっていないことが見受けられるほか、登用の時期によっては、登用日からかなり後に賞与計算を行うことになるため、登用したことを忘れて他の正社員と同じ計算方法を用いたり、パートタイム労働者のままの基準を用いたりする誤りが発生しやすいものです。登用制度を整備する上では、これらの点を明確にしておく必要があります。

[3] 退職金の取り扱い

　パートタイム労働者に適用される退職金制度があるときには、正社員に登用する際、登用前のパートタイム労働者であった期間および正社員登用後の期間の計算方法を確認します。

　退職金は、退職所得に分類され、給与所得である給与や賞与とは所得税の計算方法が異なりますが、給与所得と同じように所得税や復興特別所得税（以下、所得税等）を源泉徴収する必要があり、退職者が「退職所得の受給に関する申告書」を提出し、その内容に従って計算します。この退職所得の受給に関する申告書には勤続年数を記入する欄があり、その勤続年数を用いて、図表3-2の退職所得控除額を適用した上で退職金の源泉所得税額等を計算します。

　勤続年数は、原則として退職金を受け取る会社で継続して勤務した期間を記入することになっており、パートタイム労働者から正社員へ登用したときには、パートタイム労働者として勤務した期間に対して退職金が支払われないとしても、勤続年数はパートタイム労働者として勤務した期間も含めてカウントします（所得税等の計算で日額表を用いる丙欄の人は除く）。退職所得控除額は比較的大き

図表 3-2　退職所得控除額の計算の表

勤続年数	退職所得控除額
20 年以下	40 万円×勤続年数 （80 万円に満たない場合には、80 万円）
20 年超	800 万円 + 70 万円×（勤続年数 − 20 年）

［注］　1　勤続年数に 1 年未満の端数がある場合には、その端数を切り上げて 1 年とする。
　　　　2　障害者になったことが直接の原因で退職した場合の退職所得控除額は、この表の方法により
　　　　　計算した額（80 万円に満たない場合には、80 万円）に、100 万円を加えた金額となる。
　　　　3　前年以前に退職金を受け取ったことがあるとき、または同一年中に 2 カ所以上から退職金
　　　　　を受け取るときなどは、控除額の計算が異なることがある。

いことから、実際に退職金に所得税等がかかる従業員はさほど多く
ないといわれていますが、退職所得控除における勤続年数と会社ご
とに決められる退職金算出のための勤続年数は異なる場合があること
とを理解しておかなければなりません。

　なお、退職所得の受給に関する申告書が提出されないときは、退
職金の額に 20.42％を乗じた金額を源泉徴収し、給与や賞与等から
源泉徴収した所得税等とともに納付することになっています。

従業員への要説明事項・要手続き事項

　複数の雇用形態があるときには、それぞれの労働条件の違いを明
確にしておくことが必要となります。労働時間や休日といった働く
上で基本となる部分、給与や賞与、退職金といった賃金に関わる内
容はもちろんのこと、福利厚生の内容の明確化も必要です。また、
同一労働同一賃金の観点からは、職務内容、職務の内容・配置の変
更の範囲、その他の事情を明確にしておくことも求められます。

　継続的かつ積極的にパートタイム労働者から正社員へと登用する
会社では、正社員に適用する就業規則とパートタイム労働者に適用
する就業規則等を見比べながら、登用前後の労働条件の比較表など
を作成しておくことで、登用時の説明資料にも利用できるでしょう。

今後のために～整備・対応しておくべき事項

1 通常の労働者への転換の推進

　パートタイム労働者や有期雇用労働者等の雇用形態があるときには通常の労働者への転換を推進する措置を講じることが、パートタイム・有期雇用労働法（中小企業は2021年4月1日施行）で義務化されており（同法13条）、具体的には以下のいずれかの措置を講ずる必要があります。

①通常の労働者を募集する場合、その募集内容を既に雇っているパートタイム労働者・有期雇用労働者に周知する

②通常の労働者のポストを社内公募する場合、既に雇っているパートタイム労働者・有期雇用労働者にも応募する機会を与える

③パートタイム労働者・有期雇用労働者が通常の労働者へ転換するための試験制度を設ける

④①～③以外の通常の労働者への転換を推進するための措置を講ずる

　この措置は、結果として通常の労働者に転換することまで求めるものではありませんが、通常の労働者への転換制度を確実に運用することで、パートタイム労働者や有期雇用労働者は雇用の安定を実感し、会社にとって優秀な人材を確保できることにもつながります。

2 正社員登用の時期の整理

　正社員に登用するときには、社会保険や給与計算の手続きで留意すべき点が発生することから、随時登用するのではなく登用の日（正社員登用日）を明確に定めておくとよいでしょう。また、登用試験を実施したり、登用後の労働条件等に関する説明をしたりするときには、ある程度まとまった人数を対象に行うことで、効率的に事務作業を進めることができます。

　正社員登用日については、図表 3-3 に掲げる点も考慮して決める
とよいでしょう。正社員登用後の運用や管理の面で留意が必要にな
る事項もあるため、そのような視点からも図表 3-3 を確認しておき
たいものです。

図表 3-3　正社員登用日の選択肢とメリット

登用日	メリット
正社員の昇給月 （昇給日）	給与計算等において、ほかの正社員と一律に基本給の額等を変更できる
賞与の算定期間の始期	賞与の算定期間にパートタイム労働者と正社員の期間が混在せず、賞与計算のミス防止となる
正社員の年次有給休暇の基準日	パートタイム労働者と正社員の基準日の考え方が異なる場合に、管理が煩雑になることが避けられる
会社の決算日	翌年の人件費の管理（予想）がしやすくなる
年度初め （4 月 1 日）	子どもの年齢に合わせた管理がしやすくなる（子の看護休暇の取得日数の管理や育児短時間正社員制度をつくる場合の管理・運用等）

CASE 9

契約社員から
無期転換の申し込みがあったが……

Q I社は雇用形態を、正社員、契約社員、嘱託社員、パートタイマーの四つに分けています。契約社員は正社員と同じ所定労働日数・所定労働時間数で、月給制で給与を支払っていますが、原則6カ月間の有期労働契約としています。今回、契約社員から無期労働契約への転換の申し込みがありました。確かに契約開始から5年が経過しているので、無期転換の申し込みができるかと思いますが、特に仕事の内容や給与等を変更するつもりはありません。どのように対応すればよいのでしょうか。

A 無期転換申込権が発生している有期労働契約の従業員から無期転換の申し込みがあった場合は、次の契約から無期労働契約になります。無期労働契約になることで正社員に登用する必要まではありませんが、無期労働契約になることで変更となる労働条件を事前に決めておく必要があります。

🔆 これだけは押さえたい！

　無期転換の申し込みは、有期労働契約が通算で5年を超えて繰り返し更新された場合に、従業員が当然の権利として行使でき、会社は申し込みを拒むことができません。そのため、無期転換におけるルール・運用のほか、無期転換後の労働条件を明確にしておくことが求められます。

🔆 押さえておきたい基本事項と留意点

1 無期転換ルール

　労働契約には、契約期間を定めずに契約を締結する無期労働契約と、契約期間を定めて契約を締結する有期労働契約があります。い

ずれを締結するかは会社と従業員の間で取り決めることになりますが、有期労働契約を締結する場合には、1 回の契約期間は原則として 3 年以内に限られています（労働基準法 14 条）。

　有期労働契約が通算で 5 年を超えて繰り返し更新されたときには、従業員が会社に申し込むことにより、無期労働契約に転換できる無期転換ルールがあります。

　会社には、無期労働契約に転換することを申し込む権利（無期転換申込権）が発生したことを従業員に伝える義務はありませんが、無期転換申込権が発生した従業員から無期転換の申し込みがあったときには、拒否等をすることができません。

2 無期転換時の社会保険の取り扱い
[1] 社会保険の取り扱い

　社会保険（健康保険・厚生年金保険）は、4 カ月以内の季節的業務に使用される人等の一部を除き、有期労働契約であっても労働時間数や労働日数等の要件を満たしたときには被保険者となります。既に有期労働契約の際に被保険者となっているのであれば、無期転換に伴う手続きはありません。

　ただし、無期転換することで、基本給や各種手当に変動があったり、所定労働時間数が変更になったりするときには、随時改定に該当するかの確認を行うことになります。

[2] 雇用保険の取り扱い

　雇用保険は、1 週間の所定労働時間が 20 時間以上であり、引き続き 31 日以上の雇用見込みがある従業員が原則として被保険者となります。これらの要件を満たしていれば、有期労働契約であっても被保険者になるため、このケースの場合、既に被保険者となっているものと考えられます。

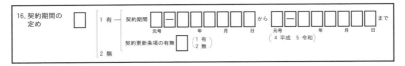

図表3-4　雇用保険被保険者資格取得届の「契約期間の定め」欄

なお、「雇用保険被保険者資格取得届」には、図表3-4のように「契約期間の定め」を記載する欄がありますが、この欄には資格取得時の内容を記載することになっており、無期転換した場合でも、届け出る必要はありません。

3 所得税や住民税の取り扱い

　このケースでは、所定労働日数や所定労働時間数が正社員と同じ契約社員が無期転換をすることから、無期転換の前であっても所得税は主たる事業所として甲欄による源泉徴収を行い、住民税も特別徴収であったものと考えられます。このような場合、無期転換することによる、所得税や住民税に関する手続きはありません。

　「給与所得者の扶養控除等（異動）申告書」（以下、扶養控除等申告書）は1カ所にしか提出できないため、従業員がいずれの会社から受け取る賃金を主として考えるかによって、扶養控除等申告書の提出先が変わります。そのため、複数の会社で働いている従業員が無期転換するときに、無期労働契約となる会社から主たる給与を受け取る扱いに変えるものとして、扶養控除等申告書を無期転換した会社に提出することがあります。そのときには、「乙欄」から「甲欄」に変更します。

　また、住民税の特別徴収は、原則として、主たる給与を支払っている会社で行うことになっているため、扶養控除等申告書を提出したときには、住民税の特別徴収の切り替えについても従業員から相談があるかもしれません。

従業員への要説明事項・要手続き事項

　無期転換する場合には、無期転換後の労働条件を明示しなければなりません。無期転換したときの雇用形態や労働条件は、[**今後のために〜整備・対応しておくべき事項**] を参考に、事前に決めておく必要があります。

　無期転換は、契約期間を有期から無期に転換するものであり、契約期間以外の労働条件の変更を求めるものではありません。ただし、無期労働契約に変わることに伴って労働条件が変更となるときは、その内容を事前に明確にし、説明することが必要です。

今後のために〜整備・対応しておくべき事項

1　無期転換の申し込みのルール

　従業員が行う無期転換の申し込み方法については、特に法律上の定めはなく、無期転換申込権が発生した従業員が口頭で申し込んだ場合でも有効です。ただ、厚生労働省はトラブル防止の観点から、書面での申し込みと受理したことの通知を勧めており、「無期労働契約転換申込書」（図表3-5）や「無期労働契約転換申込受理通知書」（図表3-6）を公表していますので、これらを用いるとよいでしょう。

　特に、契約社員やパートタイム労働者といった非正規労働者が多く、無期転換の申し込みが想定される会社は、事前にこのような書面の準備をしたり、申し込み期限を「無期転換の申し込みは契約満了日の1カ月前までに行うこと」と就業規則に規定したりすることで、人事労務管理の煩雑さを解消することにつながります。ただし、このような申し込み期限があるにもかかわらず無期転換申込権が発生している従業員が期限後に申し込んできたとしても、これを認める必要がありますので、運用には注意しましょう。

図表 3-5 無期労働契約転換申込書

無期労働契約転換申込書

株式会社○○
代表取締役　○○○○殿

申出日：　　　　　年　　　月　　　日
部門：
氏名：　　　　　　　　　　　　　㊞

　私は、現在の有期労働契約の契約期間の末日までに通算契約期間が5年を超えますので、労働契約法第18条の規定に基づき、期間の定めのない労働契約への転換の申し込みをいたします。

資料出所：厚生労働省リーフレット「安心して働くための『無期転換ルール』とは」より、一部改変
　　　　　（図表3-6も同じ）

図表 3-6 無期労働契約転換申込受理通知書

無期労働契約転換申込受理通知書

○○○○殿

　　　　　年　　　月　　　日
株式会社○○
代表取締役　○○○○

　あなたから　　年　　月　　日に提出された無期労働契約転換申込書について、受理しましたので、その旨通知します。

---

2 無期転換後に適用となる就業規則の作成

　労働契約法における無期転換ルールは、要件に該当したときに、有期となっている契約期間を次の契約から無期にすることのみを義務づけています。無期転換後の職務や勤務地、賃金、労働時間等の労働条件は、就業規則や個々の労働契約等に別段の定めがない限り、

直前の有期労働契約と同一となります。

　このケースのように、仕事の内容や給与等の労働条件の変更を考えていないときには、有期契約社員に適用している就業規則（以下、契約社員就業規則）を参考に、無期契約社員に適用する就業規則を新たに設けるほか、既存の契約社員就業規則を無期契約社員にも適用できるように変更することも考えられます。

　いずれにしても、無期転換後に適用する就業規則を整備するときには、主に以下のような点を中心に、昇給や賞与、特別休暇等、労働条件全般に関して検討する必要があります。

(1) 定年の定め

　有期労働契約の内容は、原則、契約期間が満了となるときに、当然に終了します。改めて有期労働契約を結ぶことで契約を更新することができますが、締結していた有期労働契約が自動的に無期契約に変更になることはありません。そのため、契約社員就業規則に、定年の定めをする必要はありません。一方で、無期転換すると、契約期間の満了によって自動的に契約が終了することはないため、定年の定めの要否および定めをする場合の年齢を検討することになります。

　定年の定めをするときには、一般的には正社員の定年を参考に設定することになると思いますが、定年の年齢は無期転換を申し出る年齢を想定する必要があります。例えば、定年が60歳の会社において、61歳の有期契約社員から無期転換の申し込みを受けた場合、既に定年の年齢を上回っていることになります。無期転換を申し込む年齢によって定年の年齢を分けたり、そもそも定年の年齢を超えるような有期契約期間が発生しないように、契約期間を管理することが考えられます。

(2) 休職制度

　近年、同一労働同一賃金の観点から、有期契約社員に対しても休

職制度を設ける会社が増えています（休職制度については **CASE4** を参照）。

　休職制度は、従業員の個別の事情により労務の提供ができない一定の期間について解雇を猶予するものといわれています。長期間の雇用が想定される無期労働契約では、労務の提供ができない期間が発生する確率が、有期労働契約と比べて高いといえます。

　正社員の規定を参考にしながら、休職事由や休職期間（長さ）も含めて整備を進めましょう。

（3）退職金

　退職金は、一般的に賃金の後払い的性質や長期雇用に対するインセンティブの意味を持つといわれています。そのため、有期労働契約において短期間の雇用を前提としている場合には、退職金制度を設けていなかったり、支給する場合でも寸志程度にとどめているケースが多くあります。

　無期転換が長期雇用を前提とすることを考えると、退職金制度の導入を考える必要もあるでしょう。

3 定年後の継続雇用者と高度専門職の無期転換

　65歳未満の定年を定めている会社は、定年の引き上げ、継続雇用制度の導入、定年の定めの廃止のいずれかの措置を導入する義務があることから（高年齢者雇用安定法9条）、定年を60歳としつつ、定年後は希望者を有期労働契約にて継続雇用するという会社が多くあります。また、専門的知識等を有する有期契約の従業員（高度専門職）について、必要に応じて一時的に雇用することもあります。

　このような定年後の継続雇用者や高度専門職に関しても無期転換ルールの対象となりますが、「専門的知識等を有する有期雇用労働者等に関する特別措置法」により、その特性に応じた雇用管理に関する特別の措置が講じられる場合には、一定の期間、無期転換申込

権が発生しないという特例が適用されます。この一定の期間とは、定年後の継続雇用者については定年後に引き続き雇用されている期間であり、高度専門職については一定の期間内に完了することが予定されている業務に就く期間となっています。

　これらの特例を適用するためには、本社を管轄する都道府県労働局長による認定を事前に受けることが求められるため、定年後に有期労働契約で 5 年以上雇用するケース等が発生するようであれば、認定の手続きを進めるとよいでしょう。

人材確保のために短時間正社員制度や週休３日制を導入したいが……

Q J社には１日の所定労働時間が８時間で週休２日制の正社員と、所定労働時間が８時間未満で、休日は本人の希望に合わせるパートタイマーの２種類の雇用形態があります。近年の人手不足に対する人材確保のためや、正社員のまま子育てにも力をいれたい従業員の離職防止のために、月給制で正社員よりも所定労働時間の短い短時間正社員制度を導入したいと考えています。どのような点に留意すればよいでしょうか。

A 短時間正社員が担う役割を整理し、パートタイム労働者との違いを明確にすることが必要です。同じ短時間勤務であっても、社会保険では、短時間正社員とパートタイム労働者の取り扱いで異なる点があり、給与計算では、同じ月給制でもフルタイム正社員とは計算方法に違いがある点を確認しておく必要があります。

これだけは押さえたい！

　法律上、短時間正社員の定義はないものの、一般的にはフルタイムの正社員と同等の職務内容を担いつつ、所定労働時間が短く設定された従業員のことを指します。多様な雇用形態が求められる現在、人材活用の仕組みの一つとして注目されています。

　短時間正社員制度を導入する際は、フルタイムの正社員やパートタイム労働者との違いを押さえた上で、制度をつくることが求められます。

押さえておきたい基本事項と留意点

1 短時間正社員とは

　労働基準法９条では「事業又は事務所に使用される者で、賃金を

支払われる者」を労働者と呼んでおり、正社員やパートタイム労働者のような区別はしていません。このような雇用形態の区別は、所定労働時間や雇用期間、担う役割等によって会社ごとに決定しています。

　短時間正社員の定義は法律上ありませんが、厚生労働省が作成している「『短時間正社員制度』導入・運用支援マニュアル」（以下、マニュアル）では、以下のような取り扱いを示しています。

> 　フルタイム正社員と比較して、1週間の所定労働時間が短い正規型の社員であって、次のいずれにも該当する社員のことをいう。
> ①期間の定めのない労働契約（無期労働契約）を締結している
> ②時間当たりの基本給および賞与・退職金等の算定方法等がフルタイム正社員と同等
> ※フルタイム正社員…1週間の所定労働時間が40時間程度（1日8時間・週5日勤務）で、期間の定めのない労働契約（無期労働契約）を締結した正社員

　CASE10 でもこの考え方を基本とし、短時間正社員以外の正社員を、必要に応じ「フルタイム正社員」と表現することにします。

　なお、短時間正社員制度のほかに、1週間の所定労働時間はフルタイム正社員と同じとしつつ、変形労働時間制を利用することで、勤務日数を減らす一方、1日の所定労働時間を長くする会社もあります。例えば図表3-7のような週休3日制を導入する会社が当て

図表 3-7　週休 3 日制の例

	1日の 所定労働時間	1週間の 所定労働日数	1週間の 所定労働時間
週休2日制	8時間	5日	40時間
週休3日制	10時間	4日	

はまりますが、休日日数が多くなることで従業員はプライベートを充実させることができ、会社は時間外労働とせずに1日の所定労働時間を長く設定できることから、特にサービス業のように1日の営業時間が長いような会社では、正社員の働き方の一つとして導入することが見受けられます。

2 短時間正社員と社会保険の関係

[1] 社会保険の取り扱い

正社員のほか、一定の要件を満たしたパートタイム労働者も社会保険（健康保険・厚生年金保険）の被保険者となります。

その要件等は、**CASE1**で説明したとおりですが、日本年金機構の「短時間労働者に対する健康保険・厚生年金保険の適用拡大Q&A集」によれば、短時間正社員は「所定労働時間の長短にかかわらず、被保険者資格を取得」するものとされています。

[2] 雇用保険の取り扱い

短時間正社員に対する雇用保険の適用については、明確な基準がありません。そのため、1週間の所定労働時間が20時間以上であり、31日以上引き続き雇用される見込みがあることという原則の加入要件となり、週20時間未満の短時間正社員制度の場合は、雇用保険に加入できないことになります。

3 短時間正社員の給与額の設計とその計算

[1] 給与額の考え方の整理

(1) 基本給の考え方

短時間正社員については、時間当たりの基本給および賞与・退職金等の算定方法等が同種のフルタイム正社員と同等であるように、通常、短時間正社員の基本給は、その人がフルタイム正社員であっ

たときの基本給や、短時間正社員がフルタイム正社員となったとき
に支給されると想定される基本給を、所定労働時間に応じて決定し
ます。

(2) 手当の考え方

　前掲のマニュアルでは、手当について、その趣旨や支給基準を踏
まえて、短時間正社員に対する支給額を検討するものとしており、
図表 3-8 のようにまとめています。

　実際に手当を検討するときには、図表 3-8 を参考にしつつ、正社
員に欠勤等があった場合の手当の取り扱いも確認しておく必要があ
ります。

　例えば、図表 3-8 にある生活関連手当について、短時間正社員だ
からといって減額せずにフルタイム正社員と同額を支給する一方で、
フルタイム正社員が遅刻や欠勤をしたときにはその時間や日数に応
じて生活関連手当を減額すると、皆勤ではあるものの 1 日の労働
時間が短い短時間正社員に対し、欠勤が 1 日だけのフルタイム正
社員のほうが 1 カ月の実労働時間が長いにもかかわらず手当額が

図表 3-8　短時間正社員の手当の対応例

諸手当（例）	対　応（例）
通勤手当、食事手当、宿直手当	労働日数が支給基準となっている手当であるため、短日数勤務の場合には、労働日数に応じて支給する金額を検討する。 短時間勤務の場合も、勤務を要する時間帯が食事時間にかからない場合等は減額も考えられる。
職務関連手当（役職手当、資格〔技術〕手当等）	手当の趣旨や目的を踏まえて支給金額を検討する。短時間勤務であっても、与えられた役職を担当しているのであれば、役職手当は変更しない、または、例えば、短時間勤務であることによって、役職の一部を担当しない等の事情がある場合は、役職手当を減額することも考えられる。
生活関連手当（扶養手当、住宅手当等）	手当の趣旨を踏まえ、支給額は原則として減額しない。

資料出所：厚生労働省「『短時間正社員制度』導入・運用支援マニュアル」

少ないという"逆転現象"が生じることがあります。生活すること
にかかる費用は、労働時間に応じて増減するものではないという考
え方はあるものの、短時間正社員の所定労働時間に応じた枠組みと
する方法も考えられます。

(3) 手当額と割増賃金の整理

　割増賃金を計算する際の1時間当たりの賃金額は、月給制の場合、
「月の所定賃金額÷1カ月平均所定労働時間数」により算出します。
計算式の「月の所定賃金額」には、家族手当や住宅手当など割増賃
金の基礎となる賃金から除外できる手当以外は原則として含まれる
ことになっています。

　図表3-8にある職務関連手当は月の所定賃金額に含まれるため、「1
カ月平均所定労働時間数」が異なるフルタイム正社員と短時間正社
員に同額の手当を支給したときには、短時間正社員のほうが1時間
当たりの賃金額が高くなる場合があることから、同じ時間数の時間
外労働をしたときに、短時間正社員の時間外労働手当がフルタイム
正社員よりも多くなる現象が生じることがあります。これを解消す
るためには、(2) の生活関連手当と同様、職務関連手当を短時間正
社員の所定労働時間に応じた枠組みで支給する方法が考えられます。

[2] 給与計算をする上での留意点

(1) 欠勤控除額計算時の留意点

　月給制の正社員が私傷病等で欠勤したときの給与の取り扱いは会
社によってさまざまであり、日給月給制として、欠勤した日数分を
月給から控除する会社も多いでしょう。

　欠勤日数分を月給から控除するときには、1年間の所定労働日数
を12カ月で除して1カ月の平均所定労働日数を算出することが多
いものの、所定労働日数がフルタイム正社員より少ない短時間正社
員制度を導入した場合にこの算出方法を用いると、1カ月の平均所

図表 3-9　年間所定労働日数等の差（年 52 週の場合の例）

	年間所定労働日数	1 カ月平均所定労働日数
フルタイム正社員 （週 5 日勤務）	260 日	21.67 日
短時間正社員 （週 4 日勤務）	208 日	17.33 日

［注］　小数点第 3 位を四捨五入して表示。

定労働日数が両者で異なります。例えば、1 週間の所定労働日数を
フルタイム正社員が 5 日、短時間正社員が 4 日とした場合（年 52 週）、
1 カ月の平均所定労働日数は図表 3-9 のとおりとなります。

　したがって、同じ 1 日の欠勤であっても、フルタイム正社員か
短時間正社員かで、欠勤により控除する額を計算する基となる日数
が異なることになります。給与計算ソフトでは、通常、このような
日数を設定するので、確認が必要です。

　なお、この欠勤控除の取り扱いは短時間正社員のみでなく、週休
3 日制を導入した場合にも発生します。

(2)　割増賃金計算時の留意点

　割増賃金の計算において、「1 カ月平均所定労働時間数」はフル
タイム正社員と短時間正社員で異なるため、割増賃金を計算する際、
欠勤控除と同じように、単価の算出をする計算式へ当てはめる時間
数や給与計算ソフトの設定を間違えないようにする必要があります。

　また、所定労働時間がフルタイム正社員よりも短く、当然、法定
労働時間よりも短い短時間正社員の場合、所定労働時間を超えるも
のの法定労働時間は下回る時間外労働（法定時間内労働）が発生す
ることがあります。この法定時間内労働については労働基準法に定
める割増賃金を支払う必要がないことから、短時間正社員にとって
所定労働時間外であっても、フルタイム正社員の所定労働時間内の
労働であれば、割増賃金は不要（0％）として計算することが妥当

でしょう。

　割増賃金については、就業規則の一部として賃金規程で定めている会社が多いと思います。短時間正社員制度を導入するときは、就業規則を整備することになりますが、法定時間内労働の割増賃金の規定に留意するほか、フルタイム正社員よりも労働日数が少ない短時間正社員にとっての"休日出勤"が正社員の所定労働日である場合の割増率の扱いも、これらの規程で明確にしておきます。当然ながら、勤怠管理ソフト等においても、自社の規程にあわせて時間外労働の集計を行うように設定する必要があります。

従業員への要説明事項・要手続き事項

　短時間正社員制度を導入するときには、図表 3-10 のような比較

図表 3-10　　雇用形態別労働条件等の比較表（例）

	正社員	短時間正社員	パートタイム労働者
所定労働時間	9 時～ 18 時	① 9 時～ 16 時 ② 10 時～ 17 時	9 時～ 18 時で 4 時間以上
休日	土日祝日、年末年始		土日祝日、年末年始＋本人の希望
職務内容	会社の売り上げ貢献のために広くさまざまな業務を行う		上司の指示に従い、補助的な業務を行う
時間外・休日労働	あり	あり （本人に打診した上で命じる）	なし
転勤	あり	あり （本人が同意した場合に限る）	なし
給与	月給制		時給制
賞与	算定期間の貢献に応じて支給		所定労働時間や勤務成績・勤務態度に応じて支給
退職金	勤続年数や役職に応じた制度による		所定労働時間や勤続年数に応じた制度による

表を作成して、説明するとよいでしょう。

　これらと併せて、制度導入の趣旨や利用対象者、制度利用のための手続き方法の明確化と対象者への説明も必要になります。また、担当する職務内容等を明確に区分することで、短時間正社員としての意識づけをすることも、制度を運用する上での要となります。

今後のために～整備・対応しておくべき事項

　勤続年数で計算する退職金制度を導入している会社が短時間正社員制度を導入するときには、所定労働時間が相対的に短い短時間正社員について、短時間正社員としての勤続年数をフルタイム正社員と同様にカウントしてよいかや、半日単位の年次有給休暇の「半日」の区切りをどの時刻とするかといったことが課題として挙げられます。

　短時間正社員制度を運用していく中で見えてくる課題もあるものの、まずは自社の正社員就業規則を基に、前掲のマニュアルに掲載されている検討すべき課題や導入手順、短時間正社員就業規則のひな型を参考にしながら、短時間正社員の就業規則を整備することが求められます。

第**4**章

\\ こんなときどうする!? //

出向・転籍

従業員を出向させることになった……

Q K社では、グループ会社間の人事交流のため、入社5年目の従業員を1年間、国内にあるZ社に在籍出向させることとしました。出向する従業員はZ社の従業員の一員としてZ社の指揮命令を受けて働く一方、出勤日数や労働時間数を出向元であるK社に連絡し、K社が給与を全額支払うものとする予定です。このような場合、社会保険は出向元と出向先のいずれで加入することになるのでしょうか……。

> **A** 出向では、出向元と出向先の双方で雇用契約が発生します。出向の取り扱いについては、法令により特に明確に規定されていないため、労務管理や給与の支払い方について、さまざまなケースが発生します。このケースのように出向元で勤務状況を把握して給与を支払うのであれば、健康保険、厚生年金保険および雇用保険は出向元で被保険者となり、労災保険は出向先で被保険者となります。

これだけは押さえたい！

　従業員を出向させるときは、出向後の職務内容や所定労働時間等を基に給与額を決定するとともに、その他の労働条件の違いも比較し、差異があるときにはその対応を検討する必要があります。また、給与の支払い方法等によって、社会保険の取り扱いが保険ごとに異なってきます。

押さえておきたい基本事項と留意点

1 出向とは

　出向とは、従業員が出向元の会社（以下、出向元）と何らかの関

係を保ちながら、出向先の会社（以下、出向先）との間において新たな雇用契約関係に基づき相当期間継続的に勤務する形態であり、出向元・出向先双方との間に雇用契約関係がある「在籍出向」と、出向先との間にのみ雇用契約関係がある「移籍（転籍）出向」の二者に分類できます。

このケースのような在籍出向は広く実施されていますが、出向元と出向先双方の間に雇用関係が発生することから、労働条件や給与の支払い方等もさまざまです。また、近年は海外企業に出向する例も多く見られますが、社会保険や給与計算の取り扱いが複雑であり、国内企業への出向とは異なる点もあります。

ここでは、国内企業へ在籍出向する場合であって、出向元から給与の全額が支払われるケースについて、出向先から給与が支払われるケースも一部加えながら解説することにします。

2 社会保険の取り扱い

出向者の社会保険の適用に関しては、健康保険法や厚生年金保険法で明確にされていません。日本年金機構の疑義照会「出向社員の資格について」（平 22.11.5　2010-003・2010-654）では、次のような照会・回答が示されています。

【照会内容】
「関連会社に出向し、出向先の事業所からの指揮命令を受け、その監督のもとに労働し、職務内容等の拘束を受けている。報酬の支払は、出向先では行わず、出向元で報酬（月給）を支払っているような場合、労務管理等は出向先でおこなっているが、報酬の支払のある出向元で適用としてよろしいか」
【回答】
「出向元との労働契約は存続しており、そのうえで報酬が出

向元から支払われているものと思料する。労務管理は出向先で行われているとのことであるが、出向元で報酬を支払うに際してその労働者の勤務状況等について把握していると考えられ、また、昭和32年2月21日保文発第1515号によると『労働の対償とは、被保険者が事業所で労務に服し、その対価として事業主より受ける報酬の支払ないし被保険者が当該事業主より受けうる利益』とあることから出向元で適用するのが妥当である」

そのため、このケースのように、在籍出向において、勤務状況を出向先から出向元に連絡し、出向元が給与を支払っているときは、出向元において社会保険に加入することとなります。

出向元と出向先の両者から給与が支払われるときは、同じく日本年金機構の疑義照会「二以上勤務の判断基準について」（平22.10.15　2010-553）で、出向元と出向先「各々の事業所が、人事、労務、給与の管理等を行っているのであれば常用的使用関係があると認められ、二以上勤務の被保険者となる」と示されており、出向元と出向先の二者で被保険者となります（二以上勤務の取り扱いは**CASE19** 参照）。なお、出向元では基本給等を支払い、出向先では通勤手当等を支払うケースのように、出向元・出向先の両者から給与や手当が支払われるような場合で、出向先の支払額が少額であることにより二者で被保険者になるのかどうかで判断に迷うときには、個別に事業所管轄の年金事務所に確認するとよいでしょう。

❸ 雇用保険の取り扱い

出向者の雇用保険は、原則として「生計を維持するに必要な主たる賃金」が支払われる事業所において適用されます。このケースのように出向元で給与の全額が支払われるのであれば、出向元で被保

険者資格を継続することとなるため、出向により発生する手続きは
ありません。

　出向元と出向先の両者から給与が支払われるときは、いずれか一
方の被保険者となり、被保険者となった会社から支払われる給与の
みで算出した雇用保険料を、給与から控除します。この点、社会保
険とは異なることに注意が必要です。

　従業員が退職したときには、原則として離職日前 6 カ月間の給
与により基本手当の賃金日額等を決定しますが、出向元と出向先の
両者から給与が支払われる従業員が退職した場合、賃金日額は、被
保険者であった会社から支払われた給与のみで算出されることから、
いずれか一方からまとめて給与が支払われたときと比べて、賃金日
額が低くなる可能性が高くなります。そのため、厚生労働省が公開
する雇用保険の業務取扱要領では、給与の支払いについて、いずれ
か一方の会社で集約して処理することが望ましいとしています。

4　労災保険の取り扱い

　出向者の労災保険については、「出向の目的及び出向元事業主と
出向先事業主とが当該出向労働者の出向につき行なつた契約ならび
に出向先事業における出向労働者の労働の実態等に基づき、当該労
働者の労働関係の所在を判断して、決定すること」とされています
（昭 35.11.2　基発 932）。

　一般的に出向では、出向先の従業員と同じように働くことから、
出向先において労災保険の被保険者となります。そのため、多くの
会社は、その従業員に支払われた給与（賞与を含む）額を出向元が
出向先へ連絡し、これを出向先の従業員の賃金総額に含めることで
出向先で納付する労災保険料を算出する流れをとっています。

5 給与計算での留意点

[1] 給与額の確認

　従業員を出向させると、通常職務内容が変更になるほか、出向元と出向先の労働時間や休日・休暇、給与の水準、各種手当の有無等に違いがあることから、出向元・出向先いずれの就業規則を適用するかをあらかじめ決めなければなりません。

　一般的に出向者は出向先の従業員と同じように働くことを考えると、労働時間や休日・休暇は出向先の就業規則に基づくこととし、所定労働時間等に差異がある場合には、その差異に応じた給与にするための検討を行います。

　この出向元と出向先の所定労働時間の違いにより、基本給や各種手当といった月額で支払われるもの以外に、所定労働時間を基として算出される1時間当たりの給与額にも差が生じることから、最終的には割増賃金額にも影響が及ぶこととなります。

[2] 所得税の取り扱い

　このケースのように、出向元で給与の全額が支払われるときは、出向者が出向元に「給与所得者の扶養控除等（異動）申告書」（以下、扶養控除等申告書）を提出し、出向元が所得税を算出して、出向者の給与から源泉徴収の上、納付します。出向元と出向先の両者で給与が支払われるときは、主たる給与が支払われる会社に出向者が扶養控除等申告書を提出し、提出を受けた会社が源泉徴収税額表の甲欄を用いて所得税を算出するとともに、もう一方の会社では乙欄を用いて算出することで、各々出向者の給与から源泉徴収して納付します。

　当然ながら、年末調整は、扶養控除等申告書が提出されている会社で実施することとなりますが、二以上の会社から給与が支払われたときは、年末調整された主たる給与以外の給与の収入金額とその

他の各種所得金額との合計額が 20 万円を超える人は、本人が確定申告を行う必要があります。

従業員への要説明事項・要手続き事項

　会社が従業員に対して在籍出向を命じるときには通常、従業員の職務の内容や勤務場所、労働時間や休日のほか、給与や賞与の額なども変更になることがあります。そのため、出向後の労働条件について、出向者に説明することが必須となります。

　出向者に説明すべき内容は、出向元と出向先で取り決める内容に基づくことになりますが、それには図表 4-1 の従業員出向時チェックリストと図表 4-2 の出向契約書（例）が参考になるでしょう。

　実際に出向が始まると、これらの項目に加えて、例えば勤怠の管理について出向元と出向先でどのようにやりとりをするのか、給与明細書はどのように出向者に渡すのかといった運用上の細かな課題や、時間外労働・休日労働に関する協定届の労働者数に出向者は含まれるのか、年次有給休暇の年 5 日の取得義務は出向元・出向先のどちらが負うのか、出向者の健康診断を実施する義務は出向元・出向先のどちらにあるのかといった、判断に迷うことも生じます。ここでは詳細は取り上げませんが、チェックリストや出向契約書（例）はあくまでも例示であり、このような項目を追加することも考えられます。

今後のために〜整備・対応しておくべき事項

　出向においては、出向元・出向先・出向者の三者間での調整が必要になることも多いため、労働条件や社会保険の取り扱いで齟齬が生じやすいものです。従業員への丁寧な説明とともに、出向元・出向先間における図表 4-2 のような出向契約書の締結が必要不可欠となります。

図表 4-1　従業員出向時チェックリスト

①労働条件の決定	Check
1	出向期間は決定したか？	☐
2	出向期間中の職務内容（役割）は決定したか？	☐
3	出向期間中の給与を支給する会社は決定したか？（出向元・出向先・両者）	☐
4	出向元・出向先で異なる手当の支給等に関する調整をしたか？（例：住宅手当・家族手当・通勤手当）	☐
5	出向期間中の賞与の計算方法や支給時期の調整はしたか？（出向元基準・出向先基準）	☐
6	出向前までの退職金の取り扱いは決定したか？（清算・据え置き）	☐
7	出向期間中の退職金の計算方法や負担する会社は決定したか？（出向元基準・出向先基準）	☐
8	出向期間中の所定労働日・所定労働時間の取り扱いは調整したか？（出向元・出向先）	☐
9	出向期間中の割増賃金の計算基礎に違いはないか？（所定労働時間との兼ね合い）	☐
10	出向期間中の年次有給休暇の基準日・付与日数・取得（取得義務を含む）・管理の流れについて決定したか？	☐

②福利厚生の決定	Check
11	社会保険は出向元・出向先のいずれで加入するかを決定したか？	☐
12	雇用保険は出向元・出向先のいずれで加入するかを決定したか？	☐
13	社宅や寮の取り扱いは決定したか？（制度がある場合）	☐
14	慶弔見舞金に関する取り扱いは決定したか？（出向元・出向先・両者）	☐
15	出向元の福利厚生施設等の利用は出向期間中でも可能とするか？	☐

③その他	Check
16	就業規則に出向の規定はあるか？	☐
17	出向元と出向先で出向契約書を締結したか？	☐
18	従業員に出向の説明を行い、必要に応じて同意書を取り付けたか？	☐

図表 4-2 出向契約書（例）

出 向 契 約 書

株式会社（以下「甲」という）と　　　株式会社（以下「乙」という）とは、甲の従業員　　　　　　（以下「丙」という）を乙に出向させるに際し、その取り扱いについて下記のとおり契約（以下「本契約」という）を締結する。

記

（当事者）

第1条　本契約における当事者は、以下のとおりとする。

　　甲　：　　　　　株式会社

　　乙　：　　　　　株式会社

（服務）

第2条　出向期間中、丙は甲の従業員として在籍を継続する一方、乙の就業規則に従い乙の指揮命令を受けてその業務に従事する。

2　乙は丙の勤務状況を記録し、当月の実績を翌月　日までに甲に対して甲所定の報告書にて報告するものとする。

（出向期間）

第3条　出向期間は、以下のとおりとする。

　　開始日　　　年　　　月　　　日

　　終了日　　　年　　　月　　　日

2　前項にかかわらず、出向期間については甲・乙協議の上、変更することができるものとする。

（給与・賞与）

第4条　出向期間中の丙に対する給与および賞与は、甲の賃金規程に基づき直接甲が丙に支給する。

（社会保険）

第5条　丙に係る健康保険（介護保険を含む）、厚生年金保険および雇用保険については、甲において資格を継続する。

（労災保険）

第6条　労働者災害補償保険は、すべて乙の負担において加入する。万一丙が業務上被災した場合、乙はその責を負う。

2　労災保険料および労災保険給付の基礎となる賃金は、甲が丙に支給する金額とし、当該金額を甲から乙に報告するものとする。

（出張旅費）

第7条　丙の出向期間中の出張旅費は、乙の規定に基づき直接乙が丙に支給

する。

（出向料）

第8条　出向料は1カ月当たり　　　　　　　　　円とする。ただし、1カ月未満
　　の出向料は日割計算とする。

2　前項出向料と、第4条に規定する甲の支給する給与、賞与、第5条に規
　　定する社会保険事業主負担額および丙の退職金にかかる費用との差額に
　　ついては、甲が負担する。

3　乙は甲に対し、当月分出向料を当月末日までに甲の指定する銀行口座に
　　振り込むものとする。

　　【銀行口座名】　　　　　銀行　　支店
　　　　　　　　　　　当座
　　　　　　　　　　　　株式会社

（法定外補償）

第9条　丙が業務上被災した場合の法定外補償については、甲の規定により
　　補償するものとし、これに係る費用は乙が負担する。

（協議事項）

第10条　本契約の定めなき事項および本契約の解釈適用につき疑義が生じた
　　ときは、甲・乙協議の上、誠意をもって解決に当たるものとする。

　　本契約締結の証しとして本書2通を作成して甲・乙記名捺印の上、各自
1通を保有する。

　　　　　　　年　　月　　日

　　甲　　　　　株式会社
　　　　　　　　代表取締役社長　　　　　　　印

　　乙　　　　　株式会社
　　　　　　　　代表取締役社長　　　　　　　印

CASE 12　従業員を転籍させたい……

Q L社では、在籍出向をさせている従業員を在籍出向している会社へ転籍させることを検討しています。グループ会社への転籍であり、これまでの在籍出向から転籍に切り替えるものであって、業務の内容も変わらないことから、転籍についても対象者の同意を得られるとは思いますが、転籍させるときにはどのような点に注意すればよいでしょうか……。

A 転籍は転籍元の会社の雇用契約を終了させ、転籍先で新たに雇用契約を締結することであり、転籍者の同意が必要です。他の退職者と同様に転籍元で退職処理を行い、転籍先で中途入社の手続きを行うことになります。また、転籍をスムーズに行うために、転籍者について転籍元の従業員とは異なる労働条件を設定することがあるため、そのときは適切な管理をしましょう。

これだけは押さえたい！

　転籍は、転籍元から転籍先へ雇用契約が移ることになるため、基本的には転籍元を退職し、転籍先で中途入社をする取り扱いになります。社会保険の取り扱いにおいて大きな不利益が発生することは考えにくいですが、通常、労働条件は全面的に見直しになる一方、転籍には転籍者の同意が必要なため、同意を得られるような労働条件の調整を転籍元・転籍先の両者で行うことになります。

押さえておきたい基本事項と留意点

1 転籍とは

　従業員が転籍元の会社（以下、転籍元）の雇用契約を終了し、転籍先の会社（以下、転籍先）との間において新たな雇用契約を締結

し、勤務する形態を転籍といいます。従業員の単なる転職とは異なり、転籍元と転籍先の会社が、転籍者の労働条件を調整しながら、会社主導で進めていきます。

転籍元と転籍先の二者が関係するという点では、**CASE11** で取り上げた出向と似た取り扱いとしてまとめられることがありますが、**CASE11** の出向が出向元・出向先双方との間に雇用契約関係がある一方、転籍は転籍先との間のみの雇用関係になることから、その従業員の「籍」が転籍元から転籍先に移る「移籍出向」と表現されることもあります。

雇用契約が終了し、新たな雇用契約を締結する転籍は、会社が従業員に対して一方的に命じることは認められず、従業員の同意に基づき行う必要があります。

2 社会保険の取り扱い

転籍では、転籍元を退職し、転籍先に入社することになるため、社会保険は通常の入退社と同じように、転籍日に合わせて資格喪失および資格取得の手続きを行います。家族を扶養しているときには転籍先で扶養の異動（加入）手続きが必要になり、これまでの健康保険証は被保険者・被扶養者ともに転籍元に返却し、新たに転籍先で発行されます。

健康保険の保険者である協会けんぽと健康保険組合を比較すると、健康保険組合のほうが健康保険料や介護保険料の料率が低かったり、保険給付の内容に独自の上乗せがあったりすることから、協会けんぽよりも健康保険組合に加入するほうが、総合的にメリットがあるといわれることがあります。転籍により保険者が変わるときには、この点についても事前に転籍者に伝えておくとよいでしょう。

なお、転籍元が保有している個人番号（マイナンバー）は、原則として転籍元から転籍先に引き継ぐことはできず、改めて転籍者が

転籍先に告知することになります。

3 雇用保険の取り扱い

転籍時の雇用保険の手続きも社会保険と同様、通常の入退社と同じように、転籍日に合わせて資格喪失および資格取得の手続きを行います。その際の「雇用保険被保険者資格喪失届」に記入する喪失原因は、退職金またはこれに準じた一時金（以下、まとめて「退職金」）が転籍先に引き継がれる場合は「1」（離職以外の理由）を、転籍時に支給が行われている場合は「2」（事業主の都合による離職以外の離職）を記入することになります。

このように喪失原因に違いがあるものの、記入内容はあくまで統計等のために使用するものとされていることから、従業員に何かしらの影響が出ることはないでしょう。

異なる点としては、転籍先で 1 年を経過せずに退職したり、育児休業給付を受けたりする場合、転籍前後の被保険者期間や転籍元で支払われた賃金額を把握する必要があることから、喪失原因が「1」のときには「被保険者期間等証明書」（以下、期間等証明）が、喪失原因が「2」のときには「雇用保険被保険者離職証明書」が発行されます。期間等証明を作成する必要が生じたときは、会社管轄のハローワークで確認するとよいでしょう。

なお、厚生労働省が公開する雇用保険に関する業務取扱要領では、転籍について「移籍出向」という表現を用いていますが、ここでは、全体の表現統一のため「転籍」と表記しています。

4 労災保険の取り扱い

転籍後の労災保険は、転籍先で被保険者となりますが、雇用契約が転籍元から転籍先に移ることによる手続きはありません。このケースにおいては、在籍出向から転籍に切り替わるものであり、在

籍出向時から出向先（今回の転籍先）で適用されていたと思われます（**CASE11** 参照）。

　ちなみに、労災保険の給付は、退職（転籍）によって給付が行われなくなったり、給付内容が変わったりするものではありません。給付が受けられる理由が継続している間は、継続して給付を受けることができます。したがって、仮に転籍時に既に労災保険の給付を受けていたとしても、給付の各種要件を満たすときには、転籍後も継続して給付が受けられます。

5 給与計算での留意点

　給与計算では、前職を退職し、中途入社をした従業員と同様の取り扱いになります。以下では、これを前提に留意点を確認します。

［1］給与額の確認

　転籍は、転籍元と雇用契約を終了し、新たに転籍先と雇用契約を締結することになるため、給与額をはじめとした労働条件を新たに決め直すことになります。

　通常、転籍先の賃金規程に当てはめて各種手当額を決定することになりますが、転籍先の給与の基準に当てはめることによって転籍元で支払われていた給与額から引き下げとなったり、給与額は同等以上であっても労働時間が長くなる等で1時間当たりの給与額が低下したりするときには急激な低下を避けたり、転籍に係る同意を得たりするために転籍先の賃金規程とは異なる取り扱いを個別に行うことがあります。そのため、給与計算を行うときには、転籍者の個別の労働条件を確認する必要があります。また、転籍時に引き下げとなる給与の補塡として、限定的または永続的な期間、転籍先の賃金規程と異なる取り扱いをすることもあるため、異なる取り扱いがあるときには、その取り扱いが適用される期間も確認しておくと

よいでしょう。

[2] 所得税の取り扱い

　従業員は、主たる給与が支払われる会社に対して「給与所得者の扶養控除等（異動）申告書」（以下、扶養控除等申告書）を提出します。転籍元で提出した扶養控除等申告書はあくまで転籍元での源泉徴収に利用されるものであるため、主たる給与が支払われることとなる転籍先で改めて提出する必要があります。

　また、年の途中で転籍になるときは、転籍元の会社では年末調整を行わないため、転籍先の年末調整の計算において、転籍元から交付された源泉徴収票に基づき、転籍元の収入等と転籍先の収入等を合算して行います。特に、このケースのように転籍前から同じ会社に在籍出向しているようなときには、転籍したという認識が薄くなることもあるため、漏れがないように注意が必要です。

[3] 住民税の取り扱い

　転籍元の会社で住民税の特別徴収を行っていたときに、転籍先の会社でも特別徴収を行うためには、通常、転籍元の会社で提出する「給与支払報告・特別徴収に係る給与所得者異動届出書」に転籍先の情報を記載することで、切り替えの手続きができます。

　その後、転籍先は、切り替えられた通知に基づき、転籍者の住民税を給与から控除して納付します。

従業員への要説明事項・要手続き事項

　在籍出向と異なり、転籍には従業員の同意が必要です。従業員から同意を得る方法は口頭での確認でもよいですが、図表4-3のような転籍同意書を利用することも考えられます。

　転籍同意書に記載すべき項目は決まっていませんが、転籍につい

図表 4-3 転籍同意書（例）

年　　月　　日

株式会社
代表取締役社長　　　　　　殿

転籍同意書

転籍先	①名　　称	
	②所在地	
	③代表者	
転籍先における 業務等	①勤務地	
	②役　　職	
	③業　　務	
転籍先における 労働条件	①賃　　金 ②労働時間 ③休　　日 ④有給休暇 ⑤その他	
転籍年月日	年　　　月　　　日	
備　　考		

上記により転籍することに同意します。

所属

氏名

て説明するときまでに転籍後の主要な労働条件をある程度決定し、盛り込むとよいでしょう。転籍時には転籍先で、労働基準法 15 条に基づく労働条件の明示を行います。

今後のために〜整備・対応しておくべき事項

1 給与額や賞与額の設定

　［押さえておきたい基本事項と留意点］でも確認したように、転籍前後で給与額（賞与額も含む）が引き下げとなるようなときは、転籍者の同意を得られないことも考えられます。一方で、転籍後は転籍先が給与を支払うことになり、転籍前の給与額を転籍先が維持することの負担が大きく、困難なケースも出てきます。転籍の目的や事案によって、転籍元・転籍先のいずれが主導するかは異なりますが、いずれにしても、転籍者の同意を得られるような給与額の設定が求められます。

2 退職金

　退職金は転籍時に、転籍元が転籍者に支払うことが一般的ですが、一方で、転籍時に転籍元で支払われるべき退職金を転籍元から転籍先に引き継ぐことにより、転籍先での退職時に支払うこともあります。本書のテーマとずれるため、法人における税務上の処理の説明は割愛しますが、転籍元で支払うべき退職金を転籍時に支払わず、転籍先を退職したときに支払う場合、退職所得控除を計算する上での勤続年数の算出は、転籍元の勤続年数を通算することができます。

　なお、自己都合退職、会社都合退職、定年退職といった退職理由によって、退職金の支給額や支給率が変わるときには、転籍は「会社都合退職」とするのが妥当な対応でしょう。転籍が多く発生する可能性のある会社では、転籍がどの退職理由に該当するのかを、退職金規程に明記しておくとよいでしょう。

3 年次有給休暇の取り扱い

　繰り返しになりますが、転籍では転籍元での雇用契約が終了し、転籍先と雇用契約を締結することになるため、転籍先では転籍元で得ていた権利はなくなり、勤続年数がゼロからの計算となります。そのため、勤続年数に応じて適用される転籍先の制度において、転籍元の勤続年数が通算されないことによって、転籍者が不利益な取り扱いを受ける場合もあります。

　その代表的なものが年次有給休暇（以下、年休）であり、以下のとおり、転籍に伴い消滅する年休の扱いと、転籍後に付与される年休日数を算出する際の勤続年数の扱いにおいて、課題が生じます。

①転籍に伴い消滅する年休

　　転籍により雇用契約が終了すると、終了時に転籍元で残っていた年休は消滅し、新たに転籍先で付与されます。この結果、転籍先の規定によっては、転籍直後に年休がない状況も起こり得ます。そこで、転籍前に消滅する年休を転籍直前にまとめて取得することを防ぐ意味合いからも、転籍時に残っている年休を転籍後に引き継ぐことが考えられます。

②年休日数を算出する際の勤続年数

　　労働基準法では、勤続年数に応じて、年休を付与する日数が段階的に増加していきます（上限あり）。転籍先での勤続年数は転籍日から起算することになるため、転籍先の規定によっては、転籍後に付与される年休日数が、転籍しなかった場合と比較して少なくなるケースがあります。これを解消するため、年休の付与日数の算定においては、転籍前の勤続年数も通算して算出することが考えられます。

　ただし、これらの取り扱いは転籍先の負担が大きくなり、また、転籍先に従前から勤務する従業員と比較してバランスが極端に悪くなることもあるため、慎重な検討が必要になります。

第 **5** 章

扶養家族
の変更
・
給与制度
の変更

CASE
13

従業員の子どもが
海外留学をすることになった……

Q M社従業員の大学生の子どもが、1年間、海外の大学に留学することになりました。授業料や生活のための費用は、親である従業員が日本から仕送りをするようです。現在は従業員の扶養に入っていますが、留学することに伴い何か手続きがいるのでしょうか……。

A 1年間の海外留学であり、特に収入がないのであれば、健康保険の被扶養者や所得税の控除対象扶養親族として扱うことができるでしょう。いずれの手続きも別途、証明書類等の提出や変更に関する届け出が必要になります。会社が家族手当を支給している場合には、支給対象となる家族の要件に該当するかを就業規則や賃金規程で確認してください。

これだけは押さえたい！

「扶養」の意味は複数あり、健康保険や所得税等によって定義が異なります。また、扶養する家族の状況により、「扶養」に該当するか否かも異なります。時に従業員の配偶者の収入の状況も踏まえた判断が必要になることもあるため、従業員とその家族の状況を把握することが、「扶養」に該当するか否かの判断ポイントとなります。

いったん「扶養」となったときでも、家族の状況が変化したときには見直しが必要になることもあるため、定期的に家族の状況を確認することが欠かせません。

押さえておきたい基本事項と留意点

会社において「扶養」という言葉が使われる場面を大きく分けると、健康保険における被扶養者、所得税における扶養親族、家族手

当の支給基準における扶養家族があります。これらは基準が異なっているものもあるほか、近年は居住地が日本国外であるときの「扶養」の判断に関する取り扱いが健康保険および所得税で変更になり、別途、書類の提出が求められたりします。

1 健康保険の被扶養者

　健康保険の被扶養者とは、原則として日本国内に住所（住民票）を有しており（国内居住要件）、被保険者により主として生計を維持され、以下のいずれにも該当する人です（後期高齢者医療制度の被保険者等である人は除く）。

> (1)収入要件
> 　年間収入 130 万円未満（60 歳以上または障害者の場合は年間収入 180 万円未満）であり、かつ、以下の収入であること
> - 同居の場合：原則として、収入が被保険者の収入の半分未満
> - 別居の場合：収入が被保険者からの仕送り額未満
> (2)同一世帯要件（同居して家計を共にしている状態）
> - 同居の必要がない人：配偶者、子、孫、兄弟姉妹および直系尊属
> - 同居の必要な人：配偶者、子、孫、兄弟姉妹、直系尊属以外の 3 親等内の親族または内縁関係の配偶者の父母および子

　年間収入とは、過去における収入のことではなく、被扶養者に該当する時点および認定された日以降の年間の見込み収入額のことをいいます。パート・アルバイトをしていて収入（給与所得等）がある場合、月額 10 万 8333 円以下が該当します。なお、雇用保険

の基本手当も収入に含まれ、基本手当を受給しているときは日額3611円以下であることが必要です。このほか、被扶養者の収入には、公的年金や健康保険の傷病手当金、出産手当金も含まれます。

　国内居住要件は2020年4月1日に追加されたものであり、留学生や海外赴任に同行する家族等日本国内に生活の基礎があると認められる人については届け出をすることで、原則として国内居住要件の例外（海外特例要件）として被扶養者に認定されます。海外特例要件に該当するときは、以下の書類のほか、被扶養者現況申立書や、被保険者との身分関係および生計維持関係が確認できる書類を、「健康保険被扶養者（異動）届」（以下、被扶養者異動届）に添付することが必要です。

⑴外国で留学をする学生
　　査証（ビザ）、学生証、在学証明書、入学証明書等の写し
⑵外国に赴任する被保険者に同行する人
　　査証（ビザ）、海外赴任辞令、海外の公的機関が発行する
　居住証明書の写し
⑶観光、保養またはボランティア活動その他就労以外の目的で
　一時的に海外に渡航する人
　　査証（ビザ）、ボランティア派遣期間の証明、ボランティアの参加同意書等の写し
⑷被保険者が外国に赴任している間に被保険者との身分関係が
　生じた人であって、⑵と同等と認められる人
　　出生や婚姻等を証明する書類等の写し
⑸⑴〜⑷のほか、渡航目的その他の事情を考慮して日本国内に
　生活の基礎があると認められる人
　　個別に判断

　海外特例要件は、新たに被扶養者になるときのほか、被扶養者となっている家族が留学等で海外特例要件に該当するときや、帰国等で海外特例要件に該当しなくなるときも、被扶養者に関する変更としての届け出が必要です。そのため、このケースでも、被扶養者異動届によって届け出ることになるでしょう。

　海外では、医療機関等の窓口に健康保険被保険者証を提示することで受けられる療養の給付を受けることができません。海外でいったん医療費の全額を支払った上で、海外療養費として申請することにより、一部の払い戻しを受けることになります。

② 所得税の扶養親族

　所得税における扶養親族とは、その年の 12 月 31 日の時点で、以下の四つの要件のすべてに該当している人を指します。

> (1)配偶者以外の親族（6 親等内の血族および 3 親等内の姻族）または都道府県知事から養育を委託された児童や市町村長から養護を委託された老人であること
> (2)納税者（従業員）と生計を一にしていること
> (3)年間の合計所得金額が 48 万円（給与収入のみの場合には 103 万円）以下であること
> (4)青色申告者の事業専従者としてその年を通じて一度も給与の支払いを受けていないことまたは白色申告者の事業専従者でないこと

　所得税における収入を考えるときには、一定の基準に沿って支払われる通勤手当や **1** で取り上げた雇用保険の基本手当、健康保険の傷病手当金や出産手当金も非課税の収入として扱われることに注意が必要です。

扶養親族の要件（前記(1)〜(4)）に、日本国内に住んでいることは入っていないため、留学等により海外に住む家族も、扶養親族となることができます。

　扶養親族のうち、その年の12月31日現在の年齢が16歳以上の人（控除対象扶養親族）がいる場合は、扶養している従業員に扶養控除の適用があります。扶養控除の適用を受けるときには、従業員が「給与所得者の扶養控除等（異動）申告書」（以下、扶養控除等申告書）により、家族の情報を会社に申告します。

　引き続き1年以上日本国内に居所を有さない非居住者である扶養親族（国外居住親族）については、戸籍の附票の写し等の親族関係書類および、外国送金依頼書の控え等の送金関係書類を会社に提出または提示することが必要です。この際、提出（提示）する書類が外国語で作成されている場合には、その翻訳文も提出（提示）することが求められます。

　このケースのように扶養親族が海外留学をするとき、1年未満であれば国外居住親族には該当しませんが、1年以上になると国外居住親族となり、親族関係書類および送金関係書類の提出（提示）が必要になります。

3 家族手当の支給基準における家族

　家族手当を制度として設けるか否かや、支給対象となる家族の基準は、会社ごとに決めることになるため、制度を設けたときには明確な基準を策定する必要があります。基準には従業員と家族の続柄、家族の年齢、家族を扶養しているか等がありますが、扶養においては、健康保険の被扶養者または所得税の扶養親族であることを基準にすることのほか、このいずれにも該当する家族を基準にすること等が考えられます（**CASE14** で配偶者の考え方に触れているので、併せて参照ください）。

　家族手当に関する問題としてよく発生するのは、従業員からの扶養家族に関する届け出が遅れたため、支給漏れや過支給が生じたというものです。このようなことを防ぐため、例えば、新たな支給は届出日を起算とし、支給をなくすときには事実が生じた日を起算にするといった対応を明確にした上で、従業員に周知すること等が考えられます。

⚡ 従業員への要説明事項・要手続き事項

1 被扶養者の異動時に確認すべき事項

　子どもが 1 年間、海外留学をするこのケースでは、海外転出による住民票の転出届を提出するのが一般的でしょう。健康保険の被扶養者から外すときは、被扶養者異動届により、非該当として提出します。所得税の控除対象扶養親族から外すときは、申告してある扶養控除等申告書を訂正する、あるいは変更後の内容を新しい扶養控除等申告書に記入します。

　扶養のままとするときには、[押さえておきたい基本事項と留意点] で確認した各種書類を従業員が準備する必要があります。

　扶養家族に異動があるときは、各制度の要件を満たすものであるかを確認するほか、特にこのケースのように海外に居住することになる場合には、その期間や住民票の異動状況、その後の扶養家族の収入についても確認が必要になります。

　扶養家族の異動については、姉妹書である『こんなときどうする !? 社会保険・給与計算 ミスしたときの対処法と防止策30』[労務行政] (47 ページ) において「扶養家族異動連絡表」を紹介していますが、海外転出者が発生する可能性が高いときには、図表5-1 のように「海外関係」欄を設けることも考えられます。

図表 5-1　扶養家族異動連絡表（扶養 増・減）（例）

扶養家族異動連絡表 （ 扶養 増・減 ）

年　　月　　日

社員番号：_____

氏　　名：_____

ふりがな			性　別	男 ・ 女
家族の氏名			続　柄	
住　所	（ 同居 ・ 別居 → 住所を記載 ） 〒　　－		生年月日	年　　月　　日
			異動日	年　　月　　日
			年　収	万円
異動原因	出生 ・ 結婚 ・ 離婚 ・ 死亡 ・ その他（ 　　　　　　　）			

海外関係	国外転出 （予定：　　年　　月　　日～　　年　　月　　日）	住民票 （異動後）
	国内転入 （予定：　　年　　月　　日～　　年　　月　　日）	国内有 ・ 国内無
	※終了が未定のときは、空欄とすること。	

社会保険 （被扶養者）	異動前	対象 ・ 対象外	異動後	対象 ・ 対象外
	※別途、被扶養者異動届の提出が必要。対象外となるときは健康保険証を添付すること。			
所得税 （扶養親族）	異動前	対象 ・ 対象外	異動後	対象 ・ 対象外
	※別途、扶養控除等（異動）申告書の提出が必要。			
家族手当	異動前	対象 ・ 対象外	異動後	対象 ・ 対象外
慶弔関係	慶弔見舞金の支給 （ 有〔支給額：　　　　円〕 ・ 無 ） 供花 （ 有〔送り先を別紙に記載〕 ・ 無 ）			

※1枚の用紙に扶養家族1名のみを記載すること。
※配偶者の収入が被保険者より多いときは、原則として配偶者の社会保険の被
　扶養者となる。

2 子どもの代わりに支払う社会保険料

　日本国内に住んでいる 20 歳以上 60 歳未満の人で、厚生年金保険に加入していない人は、すべて国民年金の第 1 号被保険者または第 3 号被保険者となります。このケースのように海外に居住するときには、国民年金に任意加入して国民年金保険料を納付する方法があります。また、任意加入をしなくても、日本人で海外に居住していた期間については、年金額には反映されないものの受給資格期間としてみなすことができる、合算対象期間という制度があります。

　このケースも含め、20 歳以上であって国民年金の納付義務が生じる子どもの収入がない（少ない）ことから、親である従業員が、子どもが納付すべき国民年金保険料を代わりに納付することが見受けられます。このように、生計を一にする配偶者やその他の家族が負担すべき社会保険料を従業員が代わりに納付した場合には、年末調整や確定申告において、その納付した金額を従業員の社会保険料控除の対象とすることができます。

今後のために～整備・対応しておくべき事項

　夫婦共働きで子どもや親を扶養することがありますが、1 人の家族を複数人で扶養する際の扶養の取り扱いについては、以下のとおり健康保険と所得税で異なります。配偶者のいる従業員で、子どもを健康保険の被扶養者とするときには、配偶者の年収を確認するようにしましょう。

1 健康保険の被扶養者

　健康保険では、「夫婦共同扶養の場合における被扶養者の認定について」（昭 60.6.13　保険発 66・庁保険発 22）で以下示すとおり、原則として夫婦のうち収入が多いほうの被扶養者となります。

(1)被扶養者とすべき者の員数にかかわらず、年間収入（当該被扶養者届が提出された日の属する年の前年分の年間収入とする。以下同じ。）の多い方の被扶養者とすることを原則とすること。

(2)夫婦双方の年間収入が同程度である場合は、被扶養者の地位の安定を図るため、届出により、主として生計を維持する者の被扶養者とすること。

そのため、被扶養者異動届には、被保険者の年収のほか、被扶養者でない配偶者を有するときに記入する「配偶者の収入（年収）」欄が設けられています。

② 所得税の扶養親族

国税庁の質疑応答事例によれば、所得税の扶養親族は、扶養控除等申告書に記入された内容に従うことになります。健康保険のように収入の多いほうである必要はなく、「同じ世帯に所得者が２人以上いる場合には、同一人をそれぞれの所得者の控除対象配偶者や扶養親族として重複して申告しない限り、どの所得者の扶養親族等としても差し支え」ないとされています。

CASE 14 従業員の配偶者が産休・育休を取得することになった……

Q N社の従業員から、他社で正社員として働いている妻が妊娠し、産休・育休を取得するので、その間、妻を扶養にしたいとの申し出がありました。配偶者が正社員として働いている場合にも、扶養にすることができるのでしょうか……。

A 配偶者が産休や育休を取得する時期によっては、その年の収入が低くなり、所得税の配偶者控除や配偶者特別控除が受けられる所得額になっていたり、会社の制度として、家族手当が支給される対象者に該当したりすることもあることから、まずは配偶者の収入（所得）の状況を確認しましょう。

これだけは押さえたい！

　社会保険（健康保険・厚生年金保険）では、原則として同時に複数の社会保険に加入することはないため、配偶者や家族が勤務先で社会保険に加入しているときには、従業員の「扶養」となることはありません。

　所得税は、その年の配偶者や家族の収入（所得）に応じて、配偶者や家族がその年の「扶養」に該当するか否かが判断されます。配偶者や家族が、産前産後休業（以下、産休）や育児休業（以下、育休）等の取得によって不就労となる期間が生じることでその年の収入（所得）が低下したときには、低下したこの年において「扶養」に該当することがあり得ます。

　なお、ここでは説明を分かりやすくするため、従業員の配偶者を「配偶者」、配偶者以外の家族を「家族」と表現し、従業員や配偶者、家族は給与収入（給与所得）のみであることを前提とします。

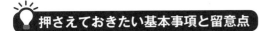

　CASE13では、子どもの扶養に関する内容を取り上げましたが、社会保険・所得税ともに、配偶者を扶養することと家族を扶養することとは異なる部分があります。

1 社会保険の取り扱い

　社会保険で配偶者を扶養とする場合には、配偶者の年齢によって、健康保険の被扶養者や国民年金の第3号被保険者（以下、第3号被保険者）に該当するか否かの違いはあるものの、これらは生計維持等の主な要件が同じであるため、一般的に健康保険の被扶養者とすることと国民年金の第3号被保険者とすることの両方を「社会保険の扶養にする」と称することがあります。手続きに係る様式も、「健康保険被扶養者（異動）届／国民年金第3号被保険者関係届」として一体になっています。

　しかしながら、これらは別々の法律で規定されているものであり、協会けんぽ以外の保険者（健康保険組合等）において被保険者の配偶者を被扶養者にする場合は、「健康保険被扶養者（異動）届」をその保険者に、「国民年金第3号被保険者関係届」を年金事務所（事務センター）にそれぞれ提出します。また、第3号被保険者は国民年金の第2号被保険者に扶養されている20歳以上60歳未満の配偶者であることから、20歳未満の配偶者が20歳になったときには、第3号被保険者に該当したことの届け出を行います。

　また、配偶者が健康保険の任意継続中であっても、要件を満たせば、配偶者の健康保険の被扶養者とはならずに第3号被保険者のみになることができます。

2 所得税の取り扱い

　従業員に支給する給与や賞与から源泉徴収する所得税額は、「給与所得の源泉徴収税額表」によって求めます。計算は、その従業員に支給される給与や賞与の金額に加え、従業員の控除対象扶養親族等の人数（以下、扶養人数）に基づき行われ、最終的には年末調整や確定申告で年税額が決定します。

　配偶者における考え方を、以下で確認します。

［1］ 給与や賞与における考え方

　控除対象扶養親族の要件は **CASE13** で確認したとおりですが、図表 5-2 の太枠と斜線で示した、配偶者の年収が 150 万円以下の場合には、配偶者について「源泉控除対象配偶者」として、扶養人数の 1 人にカウントされます。

　この源泉控除対象配偶者に関する申告は、「給与所得者の扶養控

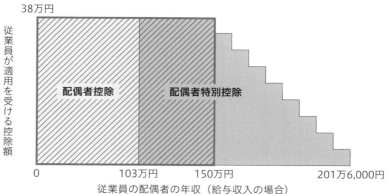

図表 5-2　配偶者控除および配偶者特別控除の控除額のイメージ（従業員の合計所得金額が 900 万円以下の場合）

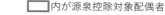

　　　　□内が源泉控除対象配偶者

38万円

従業員が適用を受ける控除額

配偶者控除　　　　　配偶者特別控除

0　　　　　　103万円　　　　　150万円　　　　　　201万6,000円

従業員の配偶者の年収（給与収入の場合）

※従業員の合計所得金額900万円超からは、合計所得金額に応じて控除額が縮小しまたは控除が受けられなくなる。

除等（異動）申告書」（以下、扶養控除等申告書）で行います。

なお、従業員の合計所得金額が900万円（給与収入の場合には1095万円）を超えるときは、配偶者の合計所得金額にかかわらず、源泉控除対象配偶者には該当しません。

[2] 年末調整における考え方

所得税額は、1年間（1月1日から12月31日まで）の所得を基に決定します。会社に勤務している従業員で、収入が給与所得以外にない人は、通常、会社が行う年末調整において適用できる各種控除の申告を行うことで年調年税額が確定し、その年の所得税の納付が完了します。

従業員は、年末調整において「給与所得者の基礎控除申告書兼給与所得者の配偶者控除等申告書兼所得金額調整控除申告書」で申告することにより、図表5-2のように配偶者の収入（年収）によって、配偶者控除または配偶者特別控除が適用されます。

ここでは詳細の説明は割愛しますが、配偶者控除は、配偶者の年収が103万円以下のときに受けることができるものであり、配偶者特別控除は103万円超201万6000円未満のときに受けることができます（図表5-2参照）。

3 家族手当の取り扱い

家族手当の支給の有無や支給対象者の基準は、会社ごとに決めることができます。基準としては、従業員と家族の続柄、家族の年齢、従業員が家族を扶養しているか等が用いられることがあります。このうち、従業員が家族を扶養していることの判断については所得税の扶養親族（定義は **CASE13** を確認）であることが、配偶者の判断については配偶者控除を受けることができる配偶者（配偶者の年収103万円以下）であることが多く見受けられます。

　この際の判断を扶養控除等申告書で行うことがありますが、扶養控除等申告書には、年収 150 万円以下の配偶者である源泉控除対象配偶者を記入することから、扶養控除等申告書で判断するときには、源泉控除対象配偶者の所得について厳密な記入を求め、配偶者控除が適用になる配偶者か、配偶者特別控除が適用となる配偶者かを、会社が確認することになります。

💡 従業員への要説明事項・要手続き事項

　このケースでは、従業員の配偶者が正社員で働いていることから、配偶者自身が勤務先で社会保険に加入しており、産休・育休中も加入を続けるものと思われます。この前提であれば、健康保険の被扶養者の異動手続きや第 3 号被保険者に関する手続きは不要です。

　配偶者が、産休中に健康保険の出産手当金を、育休中に雇用保険の育児休業給付金を受給する可能性がありますが、いずれも非課税の収入として扱われるため、従業員の配偶者の所得には含まれません。

　配偶者が産休・育休を取得する際の所得税において特に注意が必要な点が、この所得金額であり、1 月 1 日〜 12 月 31 日の 1 年間に支払われたもので判断されるため、産休や育休を取得する時期によって、その年に従業員が配偶者控除や配偶者特別控除の適用を受けられるか否かが分かれることになります。

　図表 5-3 の例で考えると、以下のとおりとなります。

- A は、年収が 50 万円であるため、従業員は配偶者控除の適用を受けることができる
- B は、年収が 120 万円であるため、従業員は配偶者特別控除の適用を受けることができる
- C は、年収が 250 万円であるため、従業員は配偶者控除、

図表 5-3 配偶者が産休・育休を取得した際の給与収入の例

	1月	2月	3月	4月	5月	…	10月	11月	12月	合計
A	25万円	25万円	産休	産休	産休	…	育休	育休	育休	50万円
B	30万円	30万円	30万円	30万円	産休	…	育休	育休	育休	120万円
C	25万円	25万円	25万円	25万円	25万円	…	25万円	産休	産休	250万円
D	育休	育休	育休	育休	育休	…	育休	30万円	30万円	60万円

※賞与の支給はなく、ここに記載されているものがすべての課税収入であることを前提とする。
※従業員の合計所得金額は900万円以下であることを前提とする。

> 配偶者特別控除ともに適用を受けることができない
> - Dは、年収が60万円であるため、従業員は配偶者控除の適用を受けることができる

　このように、配偶者が産休・育休の取得を開始した日が属する年や産休・育休から復帰する日が属する年は、配偶者の年収が減少することにより、配偶者控除や配偶者特別控除の適用を従業員が受けることができる可能性があります。

　このとき、配偶者に給与収入以外の課税対象となる収入等がないかを確認しておくことも必要でしょう。

　家族手当を支給している会社では、家族手当の基準にも照らし合わせる必要があります。

　このとき、従業員の配偶者の収入状況の詳細まで会社が知ることは難しいと思われるため、図表5-4のような案内文書によって周知してもよいでしょう。

　このほか、従業員の配偶者が育児短時間勤務をしており、労働時間が短くなったことに伴い、給与が減少となる場合には、配偶者が正社員のままであっても年収が201万6000円未満となり、従業員が配偶者控除や配偶者特別控除の適用を受けられるようになるこ

図表 5-4　産休・育休取得者の所得に関する案内文（例）

　　　　　　　　　　　　　　　　　　　　　　年　　　月　　　日

従業員各位

　　　　　　　　　　　　　　　　　　　総務部長

配偶者が産休・育休を取得している際の所得の取り扱いについて

　配偶者が産前産後休業（産休）や育児休業（育休）を取得している場合、配偶者の年間の給与収入が減少することが見込まれます。この場合に、従業員のみなさんが給与の源泉徴収等に関する申告をすることで、配偶者控除や配偶者特別控除を受けることができ、その結果、従業員のみなさんの所得税の軽減につながる可能性がありますので、適正な申告にご理解とご協力をお願いします（下記［収入の取り扱い］を参照）。

　会社は、従業員の配偶者の収入を、「給与所得者の扶養控除等（異動）申告書」や「給与所得者の基礎控除申告書兼給与所得者の配偶者控除等申告書兼所得金額調整控除申告書」に基づき、源泉徴収等の手続きを進めますので、各種控除を受ける場合には、必ず申告をお願いいたします。

　なお、配偶者の給与収入の額が不明なときは、配偶者が勤務されている会社にお問い合わせください。

［収入の取り扱い］
　①産休・育休取得前後の給与収入……給与所得
　②健康保険の出産手当金……非課税所得
　③雇用保険の育児休業給付金……非課税所得
　※給与収入のみの場合、所得税の配偶者控除や配偶者特別控除は、1年間に支払われる①の額によって控除を受けられるか否かが判断されます。

　　　　　　　　　　　　　　　　　　　　　　　　　　　　以上

ともあります。

　ここでは、従業員の配偶者が産休・育休を取得するケースで説明をしていますが、長期の病気療養等で給与が支払われないような場合も同様に、家族について扶養控除が受けられたり、配偶者について配偶者控除や配偶者特別控除が受けられることがあります。

　健康保険や所得税の扶養の基準では、扶養となる家族の収入（所得）が重要になります。会社が行う社会保険や所得税の手続きでは、収入（所得）を証明する書類が求められるケースは多くありません。しかしながら、手続きの誤りから後日訂正をしなければならなくなるような場合を考慮すると、従業員に扶養の基準を周知するほか、証明する書類の提出を求めたり、書類の提出までは求めないまでも従業員が収入（所得）を確認できる方法を案内したりすることで、誤った届け出や申告を防げるようにしておきたいものです。

　配偶者や家族の収入（所得）を確認する方法には、給与支払者が発行する源泉徴収票や市区町村が発行する所得証明（課税・非課税証明）等がありますが、ここでは源泉徴収票で確認する際のポイントと、任意で作成・提出を求める給与支払証明書について確認しておきます。

1 源泉徴収票による確認

　配偶者や家族が雇用されて働いているときの収入（所得）を確認するものに、源泉徴収票があります。源泉徴収票では、図表5-5の太枠で示した「支払金額」欄により、源泉徴収票を発行した会社がその1年間に支払った給与収入を確認することができます。ただし、通勤手当等の非課税のものは含まれず、また、配偶者や家族が引き続き在籍しているときには年の途中で当年分の源泉徴収票が発行されることはないことに注意が必要です。

　なお、年の途中で退職したときには、図表5-5の太枠で示した「中途就・退職」欄に日付が記入されているため、その年の退職日までの支払金額を把握することができます。

図表 5-5　給与所得の源泉徴収票の確認点

令和　　年分　　**給与所得の源泉徴収票**

（受給者番号）

（個人番号）

（役職名）

支払を受ける者　住所又は居所

氏名　（フリガナ）

種　　別	支　払　金　額	給与所得控除後の金額（調整控除後）	所得控除の額の合計額	源泉徴収税額
	内　　　　千　　　　円	千　　円	千　　円	内　　　千　　円

（源泉）控除対象配偶者の有無等		配偶者（特別）控除の額	控除対象扶養親族の数（配偶者を除く。）				16歳未満扶養親族の数	障害者の数（本人を除く。）		非居住者である親族の数
			特定		老人		その他		特　別	その他
有	従有	千　　円	人	従人	内　　人	従人	人	従人	内　　人	人	人

社会保険料等の金額	生命保険料の控除額	地震保険料の控除額	住宅借入金等特別控除の額
内　　千　　円	千　　円	千　　円	千　　円

（摘要）

生命保険料の金額の内訳	新生命保険料の金額	円	旧生命保険料の金額	円	介護医療保険料の金額	円	新個人年金保険料の金額	円	旧個人年金保険料の金額	円
住宅借入金等特別控除の額の内訳	住宅借入金等特別控除適用数		居住開始年月日（1回目）	年　月　日	住宅借入金等特別控除区分（1回目）		住宅借入金等年末残高（1回目）	円		
	住宅借入金等特別控除可能額	円	居住開始年月日（2回目）	年　月　日	住宅借入金等特別控除区分（2回目）		住宅借入金等年末残高（2回目）	円		

（源泉・特別）控除対象配偶者	（フリガナ）		区分		配偶者の合計所得	国民年金保険料等の金額	円	旧長期損害保険料の金額	円
	氏名							所得金額調整控除額	円
	個人番号					基礎控除の額	円		

控除対象扶養親族	1	（フリガナ）		区分	16歳未満の扶養親族	1	（フリガナ）		区分	（備考）
		氏名					氏名			
		個人番号								
	2	（フリガナ）		区分		2	（フリガナ）		区分	
		氏名					氏名			
		個人番号								
	3	（フリガナ）		区分		3	（フリガナ）		区分	
		氏名					氏名			
		個人番号								
	4	（フリガナ）		区分		4	（フリガナ）		区分	
		氏名					氏名			
		個人番号								

未成年者	外国人	死亡退職	災害者	乙欄	本人が障害者		寡婦	ひとり親	勤労学生	中途就・退職					受給者生年月日			
					特別	その他				就職	退職	年	月	日	元号	年	月	日

（右詰で記載してください。）

支払者	個人番号又は法人番号	
	住所（居所）又は所在地	
	氏名又は名称	（電話）

整理欄

375

[注]　太枠は筆者によるもの。

給与支払証明書

氏名		生年月日	年　月　日	入社日	年　月　日

支払月	課税支給額	非課税支給額
年　　1月	円	円
2月	円	円
3月	円	円
4月	円	円
5月	円	円
6月	円	円
7月	円	円
8月	円	円
9月	円	円
10月	円	円
11月	円	円
12月	円	円
夏季賞与 （支払日：　　月　　日）	円	円
冬季賞与 （支払日：　　月　　日）	円	円
そ の 他 （支払日：　　月　　日）	円	円
合計額	円	円

上記のとおりであることを証明します。

　　　年　　　　月　　　　日

　　　　　　　　　　　　所在地
　　　　　　　　　　　　会社名（事業主名）
　　　　　　　　　　　　電話番号

2 給与支払証明書

　源泉徴収票では年の途中に当年分の収入（所得）を確認できない
こともあることから、図表5-6のような給与支払証明書への記入お
よび証明を、配偶者や扶養する家族が勤務する会社に依頼すること
も考えられます。ただし、この給与支払証明書は任意の様式である
ため、配偶者や扶養する家族の勤務先で必ずしも証明が行われると
は限りません。

　そのようなときは、図表5-6の給与支払証明書を、従業員自らが
記入する形式に変え、配偶者や扶養する家族の給与明細書を確認し
た上で会社に申告させることも、対応の一つになります。

賃金締切日を変更したい……

Q O社では賃金締切日を毎月15日とし、給与支給日を当月25日としています。しかしながら、給与計算の期間が短く、事務担当者が給与計算のチェックに十分な時間をかけられずにミスの発生原因にもなっていることから、賃金締切日を毎月末日に、給与支給日を翌月25日に変更することを検討しています。変更時にどのような点に注意し、また、従業員にどのように案内すればよいのでしょうか……。

A 賃金の支払いには、毎月1回以上払いの原則があります。支給日である25日は変更せずに賃金締切日を前倒しするのであれば、この規定に抵触しませんが、賃金締切日が半月、前倒しされることで変更時の給与額が少なくなるときは、従業員の生活への配慮が必要となります。変更までの期間を確保し、十分な説明をしましょう。

これだけは押さえたい！

　やむを得ない事情で賃金締切日を変更することによって、給与支給額等を算出する際の基礎となる期間（以下、算定期間）が短縮となることに伴い、支給日に変更はなくても従前の賃金締切日で計算したときよりも支給額が少なくなるのであれば、その影響を最小限にとどめる対応の検討が必要になります。

　賃金締切日の変更に伴い、社会保険や労働保険、年末調整の対象となる期間等も変更になることがあるため、事前に確認しておきましょう。賃金締切日を変更することによって、一時的に収入の減少等が伴う場合もあることから、変更までに一定の時間的余裕を持って従業員に周知をする配慮も必要となります。

押さえておきたい基本事項と留意点

1 賃金支払いの5原則

　労働基準法には賃金支払いの5原則が定められており、①通貨で、②直接労働者に、③全額を、④毎月1回以上、⑤一定の期日を定めて支払わなければならないとされています（同法24条）。その一方で、算定期間に関する定めはなく、毎月1回、一定の期日を賃金締切日と定めて給与計算を月単位で行うことが主流となっています。

　以下では賃金締切日の変更について、事例を取り上げながら説明することにします。

2 変更時の給与の取り扱いと変更方法の選択肢

[1] 1カ月で調整する事例

　図表5-7は、7月分給与から、固定給のほか時間外手当などの勤務実績に応じて支給する変動給も含めて賃金締切日を変更する例です。賃金締切日の変更に伴い算定期間を短縮する場合、この短縮する算定期間に応じた給与の取り扱い方が問題となります。

　図表5-7では、7月分給与（変更後）の算定期間が短縮されるこ

図表 5-7　賃金締切日の変更例①

	給与	算定期間	支給日
変更前	6 月分	5/16 ～ 6/15	6/25
	7 月分	6/16 ～ 7/15	7/25
	8 月分	7/16 ～ 8/15	8/25
変更後	6 月分	5/16 ～ 6/15	6/25
	7 月分	**6/16 ～ 6/30**	**7/25**
	8 月分	7/1 ～ 7/31	8/25

| 図表 5-8 | 賃金締切日を変更する月の固定給を二重で支給する例 |

	給与	固定給	変動給	支給日
	6月分	5/16 ～ 6/15	5/16 ～ 6/15	6/25
変更後	7月分	6/16 ～ **7/15**	6/16 ～ 6/30	7/25
	8月分	**7/1** ～ 7/31	7/1 ～ 7/31	8/25

とにより、7月1～15日分給与の支払い時期が7月分ではなく8月分にずれることになります。そのため、7月分給与（変更後）における基本給や各種手当などの固定給を期間に応じた額だけ支給する場合は、変更前の2分の1の額として計算することになります。

　賃金締切日の変更に伴うものとはいえ、従業員の生活に密接に関わる固定給が、変更前の2分の1の額になる影響は大きいことから、会社にとって人件費の負担はあるものの、影響を最小限にするために、この7月1～15日分に対応する固定給を、図表5-8のように7月分給与および8月分給与として二重で支給することが考えられます。

　なお、変動給については通常、労働日数や労働時間数の勤務実績に応じて支給額が決まるものであり、一般的に二重で支給することはありません。

[2] 2カ月で調整する事例

　日給者や時給者のように、固定給がほぼなく、労働日数や労働時間数の勤務実績で支給額が決まる従業員は、月給者と比較して賃金が低いことがままあるため、たとえ1カ月であっても、図表5-7のように算定期間が2分の1となることによる影響を、より強く受けることがあります。

　そのため、図表5-9のように7月分と8月分の給与の算定期間をそれぞれ調整することで、調整期間は2カ月にわたるものの、影響を若干でも緩和することができます。

図表 5-9　賃金締切日の変更例②

	給与	算定期間	支給日
変更前	6 月分	5/16 ～ 6/15	6/25
	7 月分	6/16 ～ 7/15	7/25
	8 月分	7/16 ～ 8/15	8/25
変更後	6 月分	5/16 ～ 6/15	6/25
	7 月分	6/16 ～ **7/8**	7/25
	8 月分	**7/9** ～ 7/31	8/25

［3］　固定給と変動給の賃金締切日を分ける方法

　複雑になるため、本書では詳細を取り上げませんが、このケースのように給与計算の期間を確保したい場合には、特に変動給の計算の基となる労働日数や労働時間数等の勤怠に係る確認および集計に時間を要すると考えられるため、当月25日の給与支給日は変更せず、例えば、固定給の賃金締切日を当月末日とし、変動給の賃金締切日を前月末日とするように、固定給と変動給の賃金締切日を別に設定することを検討してもよいでしょう。

3 社会保険の留意点

［1］　賃金締切日の変更の届け出（届け出不要）

　事業所として最初に社会保険に加入するときに年金事務所に届け出る「新規適用届」には、「給与計算の締切日」や「給与支払日」を記入する欄が設けられています。

　一方、事業主の変更や事業所に関する事項の変更・訂正があったときには「事業所関係変更（訂正）届」により届け出ることになっているものの、賃金締切日の変更は届け出項目となっていないため、変更時に届け出る必要はありません。

　なお、「健康保険・厚生年金保険被保険者報酬月額算定基礎届総

括表」（以下、総括表）には、「給与支払日」の欄が設けられており、賃金締切日と支給日を記入することになっていますが、2021 年 3 月 31 日をもって総括表は廃止されます。

［2］定時決定における対応

図表 5-7 は 7 月分給与で賃金締切日の変更をする例ですが、賃金締切日の変更を 4 〜 6 月に支給される給与で行うときには、定時決定（算定基礎）における支払基礎日数が通常の月よりも増減し、給与支給額も通常の月とは異なる場合があります。その結果、実際に支給される給与額で定時決定を行うと、実態に即していない標準報酬月額となる可能性が高いことから、この場合には以下のように取り扱うものとされています（日本年金機構「標準報酬月額の定時決定及び随時改定の事務取扱いに関する事例集」。以下、事例集）。

①**支払基礎日数が増加する場合**
　支払基礎日数が暦日を超えて増加した場合、通常受ける報酬以外の報酬を受けることとなるため、超過分の報酬を除外した上で、その他の月の報酬との平均を算出し、標準報酬月額を保険者算定する。
（例）給与締め日が 20 日から 25 日に変更された場合
　　締め日を変更した月のみ給与計算期間が前月 21 日〜当月 25 日となるため、前月 21 日〜前月 25 日の給与を除外し、締め日変更後の給与制度で計算すべき期間（前月 26 日〜当月 25 日）で算出された報酬をその月の報酬とする。
②**支払基礎日数が減少した場合**
　給与締め日の変更によって給与支給日数が減少した場合であっても、支払基礎日数が 17 日以上であれば、通常の定時決定の方法によって標準報酬月額を算定する。

　給与締め日の変更によって給与支給日数が減少し、支払基礎日数が 17 日未満となった場合には、その月を除外した上で報酬の平均を算出し、標準報酬月額を算定する。

[3] 随時改定における対応

　固定的賃金が変動した翌月に賃金締切日が変更となることもあります。そのときには随時改定（月額変更）の取り扱いに疑義が生じますが、事例集では「固定的賃金に変動が発生した後の3か月以内に、給与締め日の変更によって（中略）支払基礎日数が 17 日を下回る月がある場合には、随時改定の対象とならない」としています。

　このほか、賃金締切日が変更となる図表5-7の7月分給与（変更後）に固定的賃金の変動があり、2分の1の額が支給された（満額が支給されていない）ような場合には、「随時改定の起算月については、随時改定が固定的賃金の変動や賃金体系の変更（中略）を要因としていることから、一の給与計算期間全てにおいて固定的賃金の変動等が反映された報酬が支払われた月を起算とし、以後3か月の報酬により高低の比較をすることが妥当である」とされており、「固定的賃金の変動や賃金体系の変更が正しく反映された支払月」を起算月とします（日本年金機構疑義照会　平 22.11.15　2010 － 1110）。したがって、図表5-7のケースでは、満額支給されることとなる8月分給与（変更後）を固定的賃金が変動した月として随時改定の確認を行います。

4　労働保険の留意点

[1] 雇用保険の離職票作成

　「雇用保険被保険者離職証明書」（以下、離職票）には、通常過去6カ月分の賃金額を賃金支払対象期間とともに記入します。記

		④離職年月日		令和	年 2	月 8	日 5

離 職 の 日 以 前 の 賃 金 支 払 状 況 等

⑧ 被保険者期間算定対象期間		⑨⑧の期間における賃金支払基礎日数	⑩ 賃金支払対象期間	⑪⑩の基礎日数	⑫ 賃 金 額			⑬ 備 考
Ⓐ 一般被保険者等	Ⓑ 短期雇用特例被保険者				Ⓐ	Ⓑ	計	
離職日の翌日　8月6日								
7月6日 ～ 離職月	離職月	21 日	8月1日 ～ 離職日	4 日		37,000		
6月6日 ～ 7月5日	月	17 日	7月1日 ～ 7月31日	20 日		185,000		
5月6日 ～ 6月5日	月	17 日	6月1日 ～ 6月30日	18 日		166,500		
4月6日 ～ 5月5日	月	21 日	5月21日 ～ 5月31日	8 日		74,000		賃金締切日変更
3月6日 ～ 4月5日	月	21 日	4月21日 ～ 5月20日	22 日		203,500		
2月6日 ～ 3月5日	月	18 日	3月21日 ～ 4月20日	16 日		148,000		
1月6日 ～ 2月5日	月	21 日	2月21日 ～ 3月20日	22 日		203,500		
12月6日 ～ 1月5日	月	16 日	1月21日 ～ 2月20日	20 日		185,000		
11月6日 ～ 12月5日	月	17 日	～	日				
10月6日 ～ 11月5日	月	17 日	～	日				
9月6日 ～ 10月5日	月	日	～	日				
8月6日 ～ 9月5日	月	21 日	～	日				
～	月	日	～	日				

［例示説明］
　5月20日に賃金の締切を行った後、翌月の20日に行われるべき次回の締切日が繰り上げられて、当月以降末日となった場合。

［記入留意事項］
　⑬欄の表示、⑩⑪⑫の各欄

［参考］
　日給者　　日額8,000円、残業手当有
　⑫欄　　主たる賃金が日を単位として算定されているため、賃金の総額をB欄に記入してください。

資料出所：厚生労働省「雇用保険事務手続きの手引き（令和2年8月版）」（太枠は筆者によるもの）

入する賃金支払対象期間中に賃金締切日の変更があったときには、図表5-10の太枠で示したように、実際に変更となった賃金締切日を実態のまま記入し、賃金締切日の変更があった旨を変更があった月の備考欄に記入します。

　離職票に記入された賃金額は基本手当等の算出に利用されますが、このとき1カ月未満である賃金支払対象期間は原則として基本手当の算出には利用しません。

[2]　労働保険の年度更新における賃金集計期間

　労働保険料（労災保険料・雇用保険料）および一般拠出金は、前年度に従業員に支給した賃金を集計して保険料を算出し、毎年6月1日〜7月10日の間に申告・納付等の手続きをします（労働保険の年度更新）。

　継続事業の確定保険料の対象となる賃金は、その保険年度に使用したすべての労働者に係る賃金総額となっています（労働保険徴収法19条1項1号）。

　賃金締切日があるときには、通常、給与支給日ではなく賃金締切日を区切りとして、対象となる年度更新の算定期間を判断します。図表5-7の「変更後」については、図表5-11のとおりです。

　変更後の「（当年）3月1〜31日」分の給与は、4月25日に支給され、「4月分給与」と表記されることもあるため、変更後の年度更新の算定期間を「前年3月16日〜当年2月28日」とするケースも見受けられますが、労働保険の年度更新における賃金は、その

図表 5-11　賃金締切日の変更前後の年度更新の算定期間例

	年度更新の算定期間
変更前	前年3月16日〜当年3月15日
変更後	前年3月16日〜当年3月31日

保険年度の末日に支払いが確定した賃金（支払いをしていない賃金の債権債務のすべてを含む）とされていることに注意します（昭24.10.5　基災収5178）。

5 給与計算の取り扱い

[1] 給与に係る所得税の額への影響

　所得税や復興特別所得税（以下、所得税等）の額は、支給された給与等に基づき計算されるものであり、賃金締切日が変更されて算定期間が短くなったことに伴い給与の支給額が少なくなった場合でも、計算方法は変わりません。

[2] 年末調整に係る所得税年税額への影響

　年末調整で対象となる賃金は、1月1日～12月31日の1年間に支給された給与であり、このケースのように賃金締切日が変更になったときでも、その取り扱いに変わりはありません。そのため、図表5-7の場合には、変更後の「（当年）12月1～31日」分の給与は、（翌年）1月25日に支給され、翌年の年末調整の対象となるため、図表5-12のように変更後は年末調整の対象期間が1年未満となります。賃金締切日の変更に伴い算定期間が短縮された分、その間の賃金が少なくなる場合には年収額が低くなり、これに伴い所得税等の年税額も低くなる可能性があります。

　賃金締切日を変更した年のみ、このような影響が出ますが、例えば、住宅の購入等でローンを組むときには、前年の年収額により借

図表 5-12　賃金締切日の変更前後の年末調整の対象期間例

	年末調整の対象期間
変更前	前年 12 月 16 日～当年 12 月 15 日
変更後	前年 12 月 16 日～当年 11 月 30 日

入限度額が異なることもあり、賃金締切日の変更が、そのような検討をしている従業員に影響を及ぼすこともあり得ます。変更前後の月のみでなく、1 年を通した視点を持って従業員に情報を伝える必要があります。

 従業員への要説明事項・要手続き事項

1 従業員への案内文書

　賃金締切日の変更によって固定給や変動給が少なくなることで、従業員の生活に影響が出ることが想定されることから、図表 5-13 のようなものによって、できるだけ早めに変更内容を説明したり、周知したりすることが望まれます。

2 賃金締切日の変更における従業員への配慮

［1］変更の時期の検討

　賃金締切日の変更によって変更月の給与が少なくなる場合に備えた配慮も必要となります。

　その対応策の一つとしては、賃金締切日の変更時期を賞与の時期に近接させることによって、給与が少なくなることによる生活費の不足を、賞与でカバーできるようにすることが考えられます。ただし、住宅のローンや自家用車のローンの返済に利用する等、賞与の使い道が既に決まっている従業員もいるほか、パートタイマーやアルバイト等の賞与を寸志として支給しているケースや、勤務成績から賞与が低額であったり支給されない従業員への配慮も必要になることから、具体的には、次の ［2］の貸付制度の検討等も併せて行うとよいでしょう。

［2］貸付制度の導入

　もう一つの対応策として、従業員の希望に応じて一時的に金銭の

図表 5-13 賃金締切日の変更に関する周知（例）

年　　　月　　　日

従業員各位

株式会社

総務部長

賃金締切日の変更について

　現在当社では、毎月○日を賃金締切日、○日を給与支給日として給与計算をしています。これまで従業員の皆さんにご協力をいただき、円滑な事務処理を進めてきましたが、従業員数の増加に伴い、処理内容の複雑化と業務量の増加が続いていることから、正確な事務処理を続けるために賃金締切日を○日に変更させていただくことになりました。なお、給与支給日に変更はありません。

　つきましては下記のとおり変更内容をお知らせしますので、ご理解のほど、よろしくお願いいたします。なお、これまでどおり、タイムカードの早期提出にご協力をお願いいたします。

記

１．今後の給与算定期間と支給日

給与	算定期間				支給日	
年　月分	月	日～	月	日	月	日
月分	月	日～	月	日	月	日
月分	月	日～	月	日	月	日
月分	月	日～	月	日	月	日
月分	月	日～	月	日	月	日
月分	月	日～	月	日	月	日

２．変更月の給与の取り扱い

①正社員

　基本給および月額で支給している手当については、　　年　　　月　　　日に支給する給与ではその２分の１の額を支給します（算定期間中に欠勤等の不就労時間があったときには、その額を控除した上で支給します）。時間外手当をはじめとした勤務に応じて支給するものは、算定期間の勤務に応じた額を支給します。

②パートタイマー・アルバイト（時給者）

　算定期間に実際に勤務した時間に応じた額を支給します。

以上

162

貸し付けを行うことが考えられます。あくまでも給与が少なくなる影響を最小限にとどめるための一時的な貸し付けとなるため、例えば上限額を「賃金締切日を変更する月の前月に支給した給与の半額まで」等と決め、返済期間も短く設定することになるでしょう。

なお、従業員へ金銭を貸し付けたときには、原則として国税庁が示す一定率で計算した利息を取ることが求められており、無利息または低い利息で貸し付けた場合には、国税庁の示す利率によって計算した利息の額と実際に支払う利息の額との差額が、給与として課税されることになります。ただし、計算した利息の額と実際に支払う利息の額との差額が1年間で5000円以下の場合は、課税しなくても差し支えありません。貸付制度を用いるときには、誤解のないように従業員に説明して、適切な対応を取りたいものです。

💡 今後のために～整備・対応しておくべき事項

1 就業規則の変更と不利益変更への留意

就業規則の絶対的必要記載事項の一つに、「賃金の締切り及び支払の時期」があります（労働基準法89条2号）。そのため、賃金締切日を変更したときには、就業規則や賃金規程も変更します。変更した就業規則については、当然、従業員へ周知し、労働基準監督署へ届け出ることになります。

この際、7月1～15日分の給与については、賃金締切日を変更しなければ7月25日に受け取ることができたはずが、変更することで8月25日でなければ受け取れないことに対して、不利益変更（労働契約法9条ほか）と判断される可能性があります。本書のテーマから外れるため詳細は取り上げませんが、賃金締切日を変更するときには、この観点からも変更の必要性を整理し、従業員に事前の説明や周知を行い、変更時の各種配慮事項を実施することが求められます。

2 その他の変更

　賃金締切日の変更では、社会保険や給与計算における留意点が主として着目されることが多いですが、就業規則や賃金規程を変更するほか、雇い入れの際の労働条件の明示事項にも賃金締切日が含まれているため、各種のひな型を変更するといった細かな対応も必要になります。

　また、ハローワークでの求人票にも賃金締切日を記入する欄が設けられていることから、このような点の修正にも注意を払っていきたいところです。

第 **6** 章

こんなときどうする!?

退職・定年

従業員が私傷病で亡くなった……

Q P社で勤続5年の30代の男性従業員が病気（私傷病）で休職し、半年間療養していたものの、先日、入院中に亡くなりました。その従業員の家族には、パートタイマーの妻と小学生の子どもがいるのですが、退職後の手続きについて、どのような説明をすればよいのでしょうか……。

A 従業員が亡くなったときは退職の手続きを進めることになりますが、自己都合や解雇等での退職とは異なる部分があることに留意し、遺族に必要な手続きを説明するようにしましょう。

これだけは押さえたい！

　従業員が私傷病により亡くなったときは、自己都合退職や解雇等による退職と同じように社会保険の手続きを進めるとともに、死亡する前までの労働に対する給与を支給します。ただし、死亡による退職として特有の取り扱いがあるほか、退職の手続きに関して説明する相手が従業員ではなく遺族となる点が大きく異なります。

押さえておきたい基本事項と留意点

　従業員が退職する理由には、自己都合、会社都合、定年等があり、死亡による退職（以下、死亡退職）もその一つです。

　死亡退職には、私傷病によるものや休日に発生した不慮の事故等が原因の業務外の事由によるもののほか、業務上の災害等によるものがありますが、ここでは業務外の事由による死亡に関する社会保険や給与計算について解説します。

1 社会保険の取り扱い

[1] 資格喪失の手続き

　従業員の死亡退職における社会保険（健康保険・厚生年金保険）の手続きも、自己都合退職等と同様に行います。このとき、資格喪失日は死亡日の翌日となり、「健康保険・厚生年金保険被保険者資格喪失届」（以下、資格喪失届）の喪失原因は「5. 死亡」を選択の上、カッコ内に死亡当日の年月日を記入します。

　被扶養者がいるときは、被扶養者も資格を異動（喪失）することになりますが、被保険者の資格喪失と同時であるため、異動の届け出は不要です。被保険者の健康保険証と併せて被扶養者の健康保険証を遺族に回収してもらい、資格喪失届に添付します。

　退職後に加入する健康保険の選択肢として、被保険者が加入していた健康保険に任意で加入する任意継続制度があります。任意継続制度への加入手続きを行ったときには、引き続き被扶養者として加入できるものですが、このケースのような死亡退職のときには被保険者が亡くなっていることからこの制度は利用できず、被扶養者自身で別途、健康保険の加入手続きをすることが必要になります。

[2] 埋葬料（埋葬費）の申請

　社会保険に加入している従業員が業務外の事由で死亡したときは、従業員により生計を維持されていた人に、埋葬料として健康保険から5万円が支給されます。

　埋葬料の支給対象となる人がいないときには、実際に埋葬を行った人に、埋葬費として埋葬料（5万円）の範囲内で埋葬に要した費用に相当する額が支給されます。被扶養者が死亡したときに被保険者に支給される家族埋葬料も含めてまとめたのが、図表6-1です。

　会社が証明すれば「健康保険埋葬料（費）支給申請書」への添付書類は不要ですが、会社の証明がないときには、埋葬許可証のコピー

図表 6-1 埋葬料（埋葬費）の支給

亡くなった人	支給対象となる人	支　給　額
被保険者	①被保険者により生計を維持されていた人	埋葬料　5万円
	②①の対象者がいない場合は、実際に埋葬を行った人	埋葬費　5万円の範囲内で実際に埋葬に要した費用に相当する額
被扶養者	被保険者	家族埋葬料　5万円

や死亡した人の戸籍（除籍）謄（抄）本等が必要となります。また、健康保険の被扶養者でない人も支給対象者となりますが、申請時に住民票など生計維持を確認できる書類が必要なほか、埋葬費の申請の場合には埋葬に要した領収書等を用意することになります。添付書類の要否や添付すべき書類は、死亡した原因等で異なることがあるため、必要に応じて協会けんぽ等の保険者に確認するとよいでしょう。

［3］傷病手当金の請求

　私傷病で療養をしていたこのケースでは、健康保険の傷病手当金を受給していた可能性があります。傷病手当金は、一定の支給要件を満たしたときには死亡日まで支給対象となるため、死亡日までで申請していない期間がある場合、相続人が傷病手当金の申請者となって申請することができます。このとき、添付書類として戸籍（除籍）謄（抄）本（被保険者と申請者の続柄などを確認できる書類）が必要となります。

［4］遺族年金の請求

　従業員が業務外の事由で死亡した場合で、死亡した従業員によって生計を維持されていた子どもや配偶者、親等がいるときは、遺族年金が支給されることがあります。

　遺族年金の請求手続きは、受給できる遺族が行い、会社を通じて行うことや会社が証明するものはないことから、会社としては、一連の手続きの流れの説明に加え、遺族年金を受給できる可能性があることを伝え、必要に応じて手続きすることを促すとよいでしょう。

② 雇用保険の取り扱い

　雇用保険も社会保険と同様に資格喪失の手続きを行います。このとき「雇用保険被保険者資格喪失届」の喪失原因は「1」（離職以外の理由）を選択し、「被保険者でなくなったことの原因」欄には「死亡退職」と記載します。通常の手続きでは添付書類は不要ですが、死亡診断書、死体検案書または検死調書の写し、住民票謄本等の証明書が求められることもあります。

　雇用保険の失業等給付は、被保険者であった人（離職した人）に対して支給されるものであることから、死亡退職した人に基本手当等は支給されず、そもそも雇用保険被保険者離職証明書は交付されません。

　なお、高年齢雇用継続給付金等を受給している途中や、自己都合の理由等で退職し基本手当を受給している途中に受給者が死亡したときは、死亡の日の前日までの高年齢雇用継続給付金や基本手当等を遺族が受け取ることができます。

③ 給与支給日が到来していない給与の取り扱い

　このケースでは死亡日以前の半年間は休職をしていたため、死亡後に支給すべき給与はないかもしれませんが、不慮の事故等が原因で死亡したときには、死亡後に既往の労働に対する給与が発生することもあります。

　従業員の死亡後に支給日が到来する給与は、死亡した従業員の給与所得になるわけではなく、遺族の相続財産となります。この場合

の給与計算を行うときのポイントは、次のとおりです。

(1) 所得税の控除

　死亡後に支給日が到来する給与は遺族の相続財産として相続税の課税対象となることから、所得税の源泉徴収はせず、死亡した従業員に係る「給与所得の源泉徴収票」（以下、源泉徴収票）の「支払金額」にも含めません。

(2) 社会保険料の控除

　社会保険料は1カ月単位で決まり、資格喪失日（死亡した日の翌日）の属する月の前月まで負担します。そのため死亡した日によって、社会保険料を負担する月が異なります。また、社会保険料は原則として翌月の給与から控除するため、死亡後に支給日が到来する給与から控除することもあります。

　しかしながら、死亡後に支給日が到来する給与は相続財産となるため、ここから自由に控除することはできません。そこで、本来、社会保険料は死亡退職した従業員が支払うべきものであることを遺族に説明の上、遺族が会社に支払うことになります。死亡後の支払うべき社会保険料を遺族が支払ったときは、従業員が支払った社会保険料には該当しないため、源泉徴収票の「社会保険料等の金額」に含めることはできません。

(3) 支払い方法

　死亡後に支給日が到来する給与は相続財産になるため、従業員の銀行口座へ振り込むことにより給与を支給している会社はこの口座に振り込むのではなく、遺族に支払う必要があります。

　そのときの支払い方法としては、遺族に直接現金で渡すことも考えられますが、**5** で説明する退職金の支払いのことも踏まえると、遺族が振り込みを希望する銀行口座を書面にて確認し、その口座に振り込むようにするとよいでしょう。

4 年末調整の取り扱い

　年の中途で退職した従業員は、一般的に年末調整の対象外ですが、死亡退職の場合は死亡したとき（年の中途）に年末調整を行います。

　この場合の方法は、通常の年末調整と大きく変わらないものの、例えば控除対象扶養親族や障害者等に該当するかどうかは、死亡日の現況により判断します。また、社会保険料や生命保険料、地震保険料控除等の対象となる保険料等は、死亡日までに従業員が支払った保険料等の額となります。

　年末調整を行った後は、源泉徴収票を作成します。作成の際には、源泉徴収票の「死亡退職」欄に「○」を記入します。遺族（相続人）が従業員（被相続人）の確定申告（いわゆる準確定申告）を行う場合があるため、作成した従業員の源泉徴収票を遺族に交付します。

5 退職金の支給

　退職金制度を設けている会社では、従業員が死亡退職となったときには、死亡退職金等の名称で遺族に退職金を支給します（以下、通常の退職金と区別するため「死亡退職金」と表記します）。

　死亡退職金を支給する「遺族」とは、特段の定めがない場合は民法における「法定相続人」と解されています。これに対して、労働基準法79条で定める遺族補償を受ける具体的な順位は同法施行規則42条〜45条に定められており（以下、労働基準法における遺族）、「法定相続人」と「労働基準法における遺族」の順位は異なります。そこで、こうした混乱を避けるために、遺族補償以外の死亡後に支給する給与や死亡退職金に関しては「労働基準法で定める遺族の順位で支給する」と就業規則や賃金規程、退職金規程に定めることで、民法ではなく就業規則の規定が優先されるようにしておくことも考えられます。

遺族が複数人いるときには、遺族の順位を確認した上で支給手続きを踏む必要があることから、従業員との関係が分かる戸籍（除籍）謄（抄）本等の提出を遺族に求めることも必要です。

　なお、死亡退職金は死亡後に遺族に支払うことになるため、遺族の相続財産になります。従業員の所得ではないことから「退職所得の源泉徴収票」の交付は不要となり、その代わりに退職金等の支払額が 100 万円を超える場合には「退職手当等受給者別支払調書」を所轄の税務署に提出することとなります。

6 弔慰金

　退職金とは別に慶弔見舞金規程を整備し、支給額を規定している会社も多いでしょう。従業員が私傷病で亡くなったときに弔慰金を遺族に支給することにしているのであれば、死亡退職金と同様に遺族の順位等も踏まえ、規定に従って支給します。

従業員（遺族）への要説明事項・要手続き事項

　死亡退職以外の退職については従業員に直接、各種説明を行うことができますが、死亡退職のときには退職に係る各種説明を遺族に行い、手続きを進めることになります。

　このケースのような場合では、入院先の病院にお見舞いに行くなど定期的に従業員の病状を確認するとともに、従業員の家族と顔を合わせておけば、万が一の事態となってもスムーズに手続きを進められるでしょう。

　従業員が私傷病により死亡退職したときに必要な対応に関するチェックリストを、図表6-2にまとめました。死亡退職に係る各種手続きを遺族と共に進める際の確認等に、ご利用ください。

図表 6-2　従業員死亡退職時（私傷病）チェックリスト

①従業員に関する状況の把握		Check
1	遺族の有無、従業員と遺族との関係の確認（□遺族の順位を確認する資料）	□
2	死亡日、死亡理由の確認	□
3	通夜・葬儀の確認	□
4	通夜・葬儀の参列者の確認	□
5	香典・供花等の手配	□
②就業規則に基づく各種給付の確認		Check
6	死亡退職金の支給（□遺族の振込口座の確認）	□
7	弔慰金の支給	□
③給与に関連する手続き		Check
8	死亡日後に支給する給与の確認（□相続財産に該当　□遺族の銀行振込口座の確認）	□
9	死亡日までの賞与の取り扱いの確認	□
10	死亡退職時の年末調整（□各種控除の確認）	□
11	源泉徴収票の交付	□
④社会保険手続き		Check
12	社会保険の資格喪失手続き（□〔被扶養者分も含む〕健康保険証の回収）	□
13	雇用保険の資格喪失手続き	□
14	健康保険の埋葬料（埋葬費）の申請	□
15	健康保険の傷病手当金（未申請分）の申請	□
16	被扶養者の資格喪失後の健康保険の説明	□
17	配偶者（国民年金第 3 号被保険者）の種別変更	□
18	遺族年金の説明	□

今後のために～整備・対応しておくべき事項

　従業員に対し、身元保証人を設定し、身元保証書を提出させることは、人事労務管理において一般的に行われています。これに加え、従業員の緊急連絡先を確認している会社も多くあるでしょう。

従業員が事故や突発的な病気によって倒れたり死亡したときに家族と連絡が取れない事態とならないよう、身元保証人や緊急連絡先の確認のほか、これらの情報の更新は欠かせないものとなります。その方法として例えば、これまでの緊急連絡先に変更がないかを年度初めに確認し、変更があったときは新しい情報を従業員に提出してもらうような仕組みも考えておきたいものです。

CASE 17 入社して間もなく、出社しなくなった従業員がいる……

Q Q社では、中途採用により従業員1名を正社員として雇用しました。入社日から5日勤務した後、この従業員の無断欠勤が続いたために本人に連絡をしてみたところ、「今日で辞めます」との申し出が本人からありました。退職はやむを得ないと考えていますが、退職届の提出がされないまま退職手続きを進めてもよいのでしょうか……。

A 書面により退職の申し出を確認できることが望ましいですが、退職の意思を確認できれば書面の提出は必須ではありません。ただし、勤務期間が短いため、勤務した日数に対する給与の支給や、社会保険の取り扱いには注意が必要です。

これだけは押さえておきたい！

　正社員として入社したのであれば、勤務期間が短い場合であっても、他の正社員の入社や退職と同様の取り扱いが必要です。入社日と退職日が同月の場合、社会保険の取り扱いがイレギュラーになる点や、給与の日割計算のルールにも気をつけましょう。

押さえておきたい基本事項と留意点

1 口頭での退職の申し出とその取り扱い

　雇用契約は口頭でも成立します。これは契約を開始するときも終了するときも同様のため、口頭で行われた退職の申し出も有効になります。本来であれば書面で退職の意思を確認し、退職日を明確にしたいところですが、このケースのように本人と連絡が取れ、退職の意思を確認したのであれば、従業員が指定する退職日をもって自

175

己都合退職として手続きを進めることが、実務における対応になるでしょう。

　なお、雇い入れ時については、書面で示すべき労働条件が労働基準法で定められていますが、この書面での明示のない場合でも雇用契約は成立します。

2 社会保険の取り扱い

　社会保険（健康保険・厚生年金保険）は、加入要件を満たしたときに被保険者となります（**CASE1** 参照）。この加入要件の判断は、原則として雇用契約の内容に基づいて行われます。このケースのように、正社員として採用したのであれば、雇い入れの当初から被保険者となり、出勤した期間が5日間であっても、また、資格取得の手続きを退職日までに行っていなかったとしても、被保険者となることに変わりはありません。

3 雇用保険の取り扱い

[1] 資格取得・喪失手続き

　雇用保険も社会保険と同様に、加入要件を満たしたときに被保険者となります。雇用保険の資格を喪失したときには、会社は「雇用保険被保険者離職証明書」（以下、離職票）の交付手続きを行いますが、従業員が交付を希望しないとき（59歳以上の従業員が退職するときを除く）は、「雇用保険被保険者資格喪失届」のみをハローワークに提出することで手続きが完了します。

　このケースのように、入社から退職までの期間が短く、その事業所で勤務した被保険者期間のみでは基本手当を受給する資格を満たさないようなときであっても、従業員が希望したときには離職票の交付手続きを行います。

　これは、その事業所で勤務する前に被保険者期間があり、両者の

被保険者期間を合わせることによって受給資格を満たすことができる等の場合もあるからです。両者の被保険者期間を合わせる手続きには原則として、対象となるすべての事業所で交付された離職票が必要になります。

［2］基本手当の考え方

　基本手当は離職理由により、受給するために必要となる被保険者であった期間や、受給できる所定給付日数が異なります。複数の離職票があるときで、それぞれの離職票で離職理由が異なるときには、最後の期間の離職票における離職理由により、これらの判断を行うことになっています。

　その他の被保険者期間の数え方等、細かな取り扱いは厚生労働省が公開している雇用保険に関する業務取扱要領で定められているため、実務の参考にするとよいでしょう。

4 給与計算での留意点
［1］給与支給額の確認

　勤務した日が数日間であったとしても、会社が従業員から労務の提供を受けたことに変わりはありません。そのため、勤務した日数に応じた給与を賃金規程に沿って計算（以下、日割計算）し、支給する必要があります。

　日割計算の際も、当然、雇用契約として締結した金額に基づき計算し、支給することになります。数日間しか勤務しておらず、想定した職務にも就いていないというような理由で、給与額を引き下げたり、賃金規程で規定されている日割計算に従わずに時給計算で支払ったりすることが時折見受けられるものの、これらは契約内容と異なる取り扱いであるため、対応としては問題です。

　なお、欠勤控除について明記がある賃金規程でも、日割計算につ

いて明確な規定がないものもあるため、給与の算定期間中に入社・退社があることを想定し、日割計算のルールを明確化しておくべきです。

そのほか、日割計算や欠勤控除の取り扱いが不明確となりやすいものに、通勤手当があります。通常は公共交通機関の定期券代（1カ月分）を支給すると定める一方、入退社に伴う日割計算や欠勤があったときの取り扱いの規定がないようなケースです。実際に定期券を購入していることを前提として満額支給する方法や、あくまでも定期券代相当額を支給していると考え、日割計算したり定期券代相当額から欠勤日数分を控除する方法、購入した定期券の払い戻しを行い実費を支給する方法等、さまざまな取り扱いが考えられます。

［2］ 社会保険料の控除

社会保険料には日割計算の概念はなく、原則として月の途中に入社して被保険者資格を取得したときには、資格を取得した月から社会保険料が必要となり、月の途中で退職したときには、資格喪失日（退職日の翌日）が属する月の前月分まで社会保険料が必要です（図表6-3の「ケースA」および「ケースB」）。

また、入社して被保険者資格を取得した月と同じ月に退職して資格を喪失したとき（以下、同月得喪）は、原則としてその月の社会保険料が必要です。

ただし、被保険者資格を取得した月にその資格を喪失し、さらにその月に新たに厚生年金保険の資格または国民年金（第2号被保険者を除く）の資格を取得した場合は、先に退職により喪失した厚生年金保険料は不要になります（図表6-3の「ケースC」の厚生年金保険料の部分）。会社には、年金事務所からいったん、退職者分も含めた社会保険料の納入の通知が届きますが、退職者が同月得喪後に被保険者資格を新たに取得したことによって厚生年金保険料が

図表 6-3　社会保険料の要否（例）

○：必要　　×：不要
介護保険料は 40 歳以上 65 歳未満の従業
員のみ

ケースA

8/1
入社

9/15
退職

	健康保険料	介護保険料	厚生年金保険料
8月分	○	○	○
9月分	×	×	×

ケースB

8/16
入社

9/30
退職

	健康保険料	介護保険料	厚生年金保険料
8月分	○	○	○
9月分	○	○	○

ケースC

8/1
入社

8/20
退職

	健康保険料	介護保険料	厚生年金保険料
8月分	○	○	○（※）

※ 8 月に新たに厚生年金保険または第 2 号被保
険者以外の国民年金資格を取得した場合に不
要となる

　不要となるときは、別途、年金事務所から会社宛てに通知が届き、対象となる社会保険料が会社に還付され、退職者に厚生年金保険料を返金することになります。

　このように、同月得喪に該当する従業員からも、いったんは給与から社会保険料を控除し、年金事務所から通知されたときに返金する対応を取らなければなりません。こうした取り扱いは、厚生年金保険料のみであり、同月得喪の場合であっても健康保険料や介護保険料は必要です。

　なお、雇用保険料は雇用保険の対象となる給与に雇用保険率を乗じて算出するため、社会保険料のような扱いの違いはありません。

[3] 所得税の控除と源泉徴収票の交付

給与を支給したのであれば、勤務期間にかかわらず所得税の計算を行います。正社員での雇用であれば、通常、「給与所得者の扶養控除等（異動）申告書」を会社に提出することになりますが、提出されていない場合には、給与所得の源泉徴収税額表の乙欄により所得税額を算出します。

なお、給与の支払金額が少額であったとしても給与所得の源泉徴収票を交付する義務があり、年の途中で退職した従業員には、退職後1カ月以内に交付する必要があります。

従業員への要説明事項・要手続き事項

ここまで説明してきたように、正社員で雇用した従業員が結果的に短期間の勤務で退職したとしても、各種手続きは進めなければなりません。それには従業員の各種情報が必要であることから、会社が必要とする書類や情報等を従業員が提出せずに退職したときは、各種手続きが滞ります。

そこで、こうした情報をあらかじめ収集するために、求人への応募時や採用内定時に回収するもの、入社前に書式を渡しておき入社時に回収するもの、入社のタイミングで提出を求めたり回収するものの中から代表的なものを、図表6-4の「採用・入社時提出書類チェックリスト」にまとめました。このほか、新卒者であれば成績証明書を加えたり、資格が必要となる業務に就く人であれば資格を証明する書類を加えたりすることが必要になるでしょう。

今後のために～整備・対応しておくべき事項

このケースでは、無断欠勤後、従業員と連絡を取ることができ、退職の意思を確認できたことから、退職手続きを進めることもそれほど問題はなさそうです。

図表 6-4　採用・入社時提出書類チェックリスト

①応募〜採用内定時に回収		Check
1	履歴書	☐
2	職務経歴書	☐
②採用〜入社日前に内定者へ送付		Check
3	内定承諾書（郵送にて事前回収）	☐
4	身元保証書	☐
5	緊急連絡先調書（従業員が緊急連絡先を申し出る書類）	☐
③入社日に従業員から回収		Check
6	身元保証書	☐
7	緊急連絡先調書	☐
8	扶養控除等申告書	☐
9	個人番号（従業員本人分）	☐
10	個人番号（扶養家族がいる場合は、その全員分）	☐
11	住民票記載事項証明書	☐
12	雇用保険被保険者証（前職がある人）	☐
13	年金手帳	☐
14	源泉徴収票（暦年内に前職がある人のみ）	☐
15	預金通帳等の給与振込口座が分かるもの	☐
16	健康診断書（入社時健康診断）	☐

　しかし、従業員と連絡が取れずに時間ばかりが経過するようなときには、従業員の勤務の意思や退職の意思が確認できず、対応に困ることがあります。仮に会社が無断欠勤を理由に解雇を検討するとしても、解雇は相手方にその通知が到達することで有効となることを考えると、連絡が取れない状況では会社の解雇の意思表示が従業員に伝わらず、解雇ができないことにもなりかねません。

　そのような事態を避けるために、就業規則の退職の項目の一つとして「無断欠勤が14暦日以上となり、本人と連絡が取れない場合」を規定し、これに該当したときには自然退職に該当するものとして

適用することが考えられます。

　このような条項を適用できるようにしつつも、可能な限り会社は従業員の意思を確認することが望まれます。繰り返し従業員に電話で連絡をしたり、身元保証人に連絡をしたり、場合によっては自宅を訪問したりするほか、今後の勤務についての意思確認をする図表6-5のような通知を送付し、会社としての対応を書面として明示しておくことも考えられます。

図表 6-5　今後の勤務に関する確認（例）

　　　　　　　　　　　　　　　　　　　　　　　　年　　月　　日

　　　　　　　　　　　　殿

　　　　　　　　　　　　　　　　　　　　　　株式会社
　　　　　　　　　　　　　　　　　　　　　　総務部長

　　　　　　　　　　　　今後の勤務に関する確認

　現在、貴殿は所定の届け出のない状態での欠勤が続いています。当社では、貴殿の状況が確認できないことをたいへん心配しております。そこで、今後も当社で継続的に勤務する意思があるかを確認したく、早急に直属の上司または総務部まで連絡をお願いします。

　なお、退職をするときには、同封しました退職届に、退職日・退職理由等を記載の上、○月○日必着にて以下の郵送先宛てに送付するか直接当社にお持ちください。勤務の意思または退職の意思が○月○日までに示されないときは、就業規則○条○項に従い、自然退職とし退職の手続きを進めさせていただきます。

　当社としては、まずは貴殿の状況を確認したいと考えています。何か相談したいことがあれば、遠慮なくご連絡ください。

　［連絡・郵送先］
　　電話番号：（直属上司）
　　　　　　　（総務部）

　　郵送先：

　　　　　　　　　　　　　　　　　　　　　　　　　　　　以上

CASE 18 定年延長を検討したいのだが……

Q R社は60歳の誕生日を定年としており、その後、継続雇用制度により1年間の有期契約を更新することで65歳まで働くことができる仕組みにしています。来年以降の数年間で定年退職し、継続雇用となる従業員が数名発生しますが、継続雇用後は給与水準が下がるためかモチベーションが下がる者もいます。そこで、これを改善するために定年の延長を考えていますが、どのような点に気をつければよいのでしょうか……。

A 60歳定年時よりも給与額を引き下げるのが一般的な継続雇用制度に対し、定年延長では給与水準を維持することが基本になるため、人材の確保や給与水準の向上によるモチベーションの維持が期待できる一方、社会保険料等の負担も大きくなることから、給与制度全体を見直す必要もあるでしょう。

これだけは押さえたい！

　高年齢者雇用安定法では、定年を定めるときには60歳を下回ってはならないとしており、65歳未満の定年を定めている会社には、定年の引き上げ、継続雇用制度の導入、定年の定めの廃止のいずれかの措置を導入する義務があります（同法9条）。また、2021年4月に施行される改正高年齢者雇用安定法では、70歳までの就業確保措置を講じることを努力義務としています（同改正法10条の2）。

　定年を延長するときには、社内のルールを見直し、就業規則を変更することになりますが、定年延長により旧定年以降も同じ職務とするのであれば、一般的に広く行われている定年後の継続雇用制度における給与額の引き下げは行いづらく、行ったとしてもその引き下げ幅は小さくなることが想定されることから、会社は定年延長前

より給与額の負担が大きくなり、連動して社会保険料等を含めた人件費も増加します。

定年の延長は人事制度や給与制度全体を見直すことにつながりますが、ここでは本書のテーマである社会保険・給与計算を中心に解説します。

押さえておきたい基本事項と留意点

1 社会保険の取り扱い

継続雇用制度では、定年後の働き方について柔軟に設定している会社も多く、社会保険に加入しないことを前提に労働日数や労働時間数を設定するケースも見受けられます。

定年延長は、正社員としての期間が延長されることであり、旧定年以降の期間も社会保険に加入することになるため、社会保険に加入しないのが一般的な継続雇用制度と比較すると、定年延長を行うことにより、会社・従業員ともに社会保険料の負担が大きくなります。

なお、適用事業所における社会保険の加入年齢は、図表 6-6 のとおりです。

図表 6-6 社会保険の加入年齢

適用保険	加入年齢
健康保険	～ 75 歳未満 [注 1]
介護保険 [注 2]	40 歳以上 65 歳未満
厚生年金保険	～ 70 歳未満 [注 1]
労災保険	年齢にかかわらず加入
雇用保険	年齢にかかわらず加入

[注]　1　健康保険と厚生年金保険の加入年齢には下限の定めはない。
　　　2　介護保険料は、介護保険の第 2 号被保険者として健康保険料と一体になって徴収される。65 歳以降は原則として老齢年金から徴収される。

2 対象外となる社会保険の同日得喪

　定年後の継続雇用制度では、定年時の労働条件を見直し、定年退職日の翌日に嘱託社員等として再雇用することが一般的です。このとき、定年時よりも給与額を引き下げることが多いですが、社会保険の手続きとしては、随時改定ではなく、定年退職日の翌日を資格喪失日とした「健康保険・厚生年金保険被保険者資格喪失届」および再雇用の日を取得日とした「健康保険・厚生年金保険被保険者資格取得届」を同時に提出することで、標準報酬月額を再雇用の月から改定することができます（同日得喪）。

　同日得喪は 60 歳以上で、退職後継続して再雇用される人が対象であることから、3 で説明する高年齢雇用継続給付とは異なり、定年延長後に旧定年に達して給与額が引き下げられたとしても、退職後継続して再雇用されたという事実はないため同日得喪はできず、標準報酬月額の改定は随時改定（引き下げ額によっては定時決定）により行います。

3 継続して対象となる高年齢雇用継続給付

　雇用保険の高年齢雇用継続給付（高年齢雇用継続基本給付金）は、原則として 60 歳以降の給与額が 60 歳到達時の給与額よりも引き下がるときに、その補塡として被保険者に支給されるものです。

　高年齢雇用継続給付は、上記 2 の同日得喪のような、退職後継続して再雇用されることという要件はありません。旧定年以降に給与額が引き下げられる場合でも対象となります。また、原則として 60 歳到達時の給与額と 60 歳以降に支払われた給与額の比較で支給の有無や支給額が判断されるため、固定的な給与額に変動がない場合でも対象になります。

　定年延長では、60 歳到達時の賃金登録や、高年齢雇用継続給付が支給される基準額の把握、その後の申請に係る運用について漏れ

のない仕組みづくりをすることが必要です。

　なお、高年齢雇用継続給付は、高年齢者の雇用の義務化や就業機会の確保を背景に、2025 年 4 月から支給率の上限が現在の 15％から 10％に縮小されることが決まっています。

4 所得税・住民税の取り扱い

　定年延長により、継続雇用制度で働くときよりも従業員の 60 歳以降の収入は一般的に増え、所得税や住民税も増える可能性が高くなります。ただし、定年を延長することによる所得税や住民税の計算方法に変更はありません。

従業員への要説明事項・要手続き事項

1 制度の変更の周知

　定年延長をするには就業規則の変更を行う必要があり、これに伴い各種制度を大きく変更することもあります。ポイントとなる制度は、［今後のために～整備・対応しておくべき事項］で後述しますが、特に定年の年齢に近い従業員には、定年年齢を踏まえた人生設計をしている人もおり、人生設計が大きく変化する可能性もあるため、事前の丁寧な説明が必要です。

2 社会保険での影響
[1] 在職老齢年金

　働きながら老齢年金を受給するとき、賞与を含む給与額と年金月額の合計額によっては、年金が減額され、または、支給停止となることがあります。これを「在職老齢年金制度」と呼びます。

　在職老齢年金の対象者は、老齢厚生年金を受給しながら、社会保険の適用事業所において働き、社会保険に加入している人です。継続雇用制度では、社会保険に加入しない人もおり、給与額や年金額

にかかわらず在職老齢年金に該当しない場合がありますが、定年延長の場合は社会保険に加入することになるため、給与額や年金額によっては、年金が減額または支給停止になる可能性があります。

なお、厚生年金保険においては 70 歳で、健康保険においては 75 歳で被保険者資格を喪失しますが、社会保険に加入すべき労働日数や労働時間数で勤務している場合には在職老齢年金に該当し、年金額が減額または支給停止される場合があるため、該当する従業員にはその旨を知らせておくとよいでしょう。

[2]　老齢年金に関する法改正等

高年齢者の雇用や就業機会の確保がされる中、年金の受給に関する法改正が行われています。年金受給者（今後、受給する人も含む）にとっては関心の高い内容も含まれているため、受給に関することではあるものの、必要に応じて従業員に周知することが求められます。

(1)　年金支給停止額の変更

在職老齢年金の制度は、60 歳から 64 歳までの制度と 65 歳以上の制度に分かれています。

このうち、60 歳から 64 歳までの制度では、賞与を含む 1 カ月の給与額と年金月額の合計額が基準額である 28 万円を超えると年金額の支給停止が行われます。この基準額については、2022 年 4 月から、65 歳以上の制度の基準額と同額の 47 万円になります。これにより、賞与を含む 1 カ月の給与額と年金月額の合計額が 28 万円から 47 万円の範囲に該当する従業員は、年金の減額や支給停止がなくなります。

なお、65 歳以上の制度における基準額の変更はありません。

(2)　年金の支給開始時期の選択

老齢年金は、受給する人が受給開始時期を自由に選ぶことができます。受給時期を本来受け取る時期よりも早くすることを「繰り上

げ」といい、60 歳まで繰り上げることができます。一方、受給時期を本来受け取る時期よりも遅くすることを「繰り下げ」といい、現在、70 歳まで繰り下げることができますが、2022 年 4 月からは 75 歳まで繰り下げが可能となります。

　繰り上げ、繰り下げともに 1 カ月単位で行うことができ、繰り上げたときは年金額が 1 カ月当たり 0.5％（2022 年 4 月からは 0.4％）減額され、繰り下げたときは年金額が 1 カ月当たり 0.7％増額されます。

(3) 在職定時改定の導入

　既に確認したとおり、厚生年金保険には 70 歳に達するまで加入することになっているため、社会保険に加入している 70 歳未満の従業員には、厚生年金保険料を納付しながら、老齢厚生年金を受給する人がいることになります。

　厚生年金保険に加入しているときは厚生年金保険料を納付しますが、老齢厚生年金の受給権が発生した後に納付した厚生年金保険料に係る年金額は、現在、退職等により厚生年金被保険者の資格を喪失するまで、老齢厚生年金には反映されません。

　そこで、65 歳以上の在職中の老齢厚生年金受給者については年金額を毎年 10 月に改定し、資格喪失後ではなく在職中から、それまでに納付した保険料を年金額に反映する制度が 2022 年 4 月に導入されます（在職定時改定）。

[3] 退職時の失業等給付

　雇用保険に加入している従業員が退職し、その後、就職活動を行うときには、雇用保険の求職者給付を受けることが一般的です。求職者給付は、定年退職をした従業員が就職活動をする際も支給されます。

　雇用保険の被保険者の区分では、65 歳未満の被保険者を一般被

図表 6-7　高年齢求職者給付金の額

被保険者であった期間	1 年未満	1 年以上
高年齢求職者給付金の額	30 日分	50 日分

保険者、65 歳以上の被保険者を高年齢被保険者として扱っており、求職者給付では、一般被保険者（65 歳未満）には基本手当が支給されることに対し、高年齢被保険者（65 歳以上）には高年齢求職者給付金が支給されます。

　高年齢求職者給付金は、高年齢被保険者が離職し、労働の意思および能力を有するにもかかわらず職業に就くことのできない状態にある場合で、一定の要件を満たしたときに支給されるものであり、図表 6-7 の日数分の基本手当の額に相当する額が一時金として支給されます。

　一時金であるため、一定期間ごとの申請が必要な基本手当と比較して、申請にかかる手間は軽減されるものの、最も少ない場合の支給日数が 90 日である基本手当とは、受給できる総額の差が大きなものとなります。

　なお、一般被保険者・高年齢被保険者の区分は、求職者給付に係る手続きを行った日や、求職者給付の受給を開始する日の年齢ではなく、雇用保険の資格を喪失する日における年齢で判断されます。

今後のために～整備・対応しておくべき事項

1 人事制度・給与制度の見直し

［1］給与・賞与

　定年延長では、基本的に定年時の給与額を検討することから始めることが多いと思います。

　一般的な賃金カーブで見るような昇給をこれまで続けてきた一方で、同じ職務が続くにもかかわらず旧定年以降の給与は引き下げる

といったことは難しいものの、給与の原資にも限りがあることから、旧定年以降の給与額や賞与額の検討、ひいては採用から定年退職の全期間における賃金カーブの見直しが必要になるでしょう。当然ながら、旧定年以降も含めた職務内容を整理し、必要に応じて人事制度や給与制度全体を見直すことにもなります。

［2］退職金

　給与や賞与のほか、退職金についても検討が必要です。一般的な退職金制度では、勤続年数が長くなるにつれてその額は増加し、特に定年退職するときには自己都合退職よりも支給額が加算されたり支給率が引き上げられたりします。旧定年以降も退職金額を増やしていくのか、旧定年時点での額を退職金額とし、それ以降は増えない仕組みとするのか、あるいは全体的な退職金水準を見直すのかといった検討が必要になります。

　なお、退職金で返済することを前提に住宅ローンを組む従業員もいることから、定年延長をした直後の退職金の支給時期については特に注意が必要になります。定年延長した場合に、延長した定年ではなく旧定年で退職金を支払うときの退職所得の扱いについては、国税庁から文書回答事例「定年を延長した場合にその延長前の定年に達した従業員に支払った退職一時金の所得区分について」（2018年3月6日）が公表されています。一定の条件の下に旧定年時に退職金を支払ったとしても退職所得として扱うことができる事例であり、旧定年時に退職金を支払うことを検討するときには、参照するとよいでしょう。

2 定年延長時に検討したい事項
［1］役職定年制度の検討

　これまで定年になるタイミング等で次世代に役職を移行していた

場合、定年延長することによってこうした移行ができず、若手が役
職経験を積めないといった弊害が生じることもあります。こうした
ことを避けるには、例えば役職は 60 歳で解くといった、いわゆる
役職定年制度を導入することが考えられます。

[2] 選択定年制度の検討

　定年延長する前提で考えると、労働時間数や労働日数は、定年延
長前と同様のフルタイム勤務と考えるのが一般的でしょう。一方で、
60 歳以降は無理のない働き方を選択したいという従業員がいる可
能性も踏まえ、定年延長するときには、そのような希望に応えられ
る柔軟な制度を用意することも考えられます。

　例えば、選択定年制度として 60 歳以降は 1 年単位で定年退職時
期を従業員が選択できたり、60 歳以降は短い所定労働時間も選択
できるようにすることです。また、本来の定年前に定年を選択した
ときでも、退職金を定年退職扱いでの支給額や支給率にすることも
考えられます。なお、雇用保険の離職理由では、就業規則により定
年退職として扱われることが明示されている場合、本来の定年前の
退職であっても定年退職に準ずるものとして扱われます。

3 定年引き上げのスケジュール

　定年延長では、定年年齢を一度に 65 歳まで引き上げる方法と、
段階的に引き上げる方法があります。制度変更のタイミングと定年
年齢とが近い従業員や、既に継続雇用制度の下で勤務している従業
員がいるときには、定年を引き上げることに伴う労働条件の設定が
難しくなるため、例えば 2 〜 3 年に 1 歳ずつ定年年齢を引き上げ
るような方法も考えられるでしょう。

4 65 歳以上の就業確保

　今回は、60 歳から 65 歳への定年延長に関する検討をしてきましたが、改正高年齢者雇用安定法により、70 歳までの就業確保措置を講じることが 2021 年 4 月から努力義務となっており、65 歳以降については、業務委託契約制度の導入による就業確保をはじめ、より柔軟な就業確保の措置を講じることが認められています。今後、定年を延長するときには、これらの改正内容も踏まえ、65 歳への定年年齢の引き上げや、70 歳までの就業確保措置も見据えた制度設計が求められます。

第7章

こんなときどうする!?

その他

従業員から副業の希望があった……

Q S社は正社員の副業を禁止していますが、残業がほぼない部署の従業員の1人から、終業後に自宅近くのコンビニで1日2時間、週2～3日程度のアルバイトをしたいという副業の希望が出てきました。3人の子どもの教育費の負担が大きいことを理由に挙げている面もあり、業務に負担がない範囲での副業の許可を検討しています。副業の許可をするときには、どのような点に注意すればよいでしょうか……。

A 副業をすることで、労働時間管理が複雑となり、社会保険や所得税の取り扱いも、1カ所での勤務と比べて複雑になります。機密情報漏洩や過重労働等の問題も発生しかねないため、副業先に関する情報と、副業で働く予定の労働時間等の雇用契約内容を従業員に示してもらった上で、会社として許可できるかを検討するとよいでしょう。

これだけは押さえたい！

　副業や兼業（以下、副業）を希望する人が年々増えている中、コロナ禍もあって、副業を認める会社も増加傾向にあるようです。その一方、副業によって本業における機密情報が漏洩したり、競業によって本業の利益が失われたりする懸念があるほか、正社員が副業をすることにより、過重労働となって心身に不調が出る可能性も否めません。したがって、副業を許可するときは、副業先に関する情報を把握することが必須となります。

　副業を許可すると、社会保険や所得税の取り扱いが1カ所での勤務とは異なることも押さえておかなければなりません。また、本業と副業の労働時間は通算することになっており、通算した労働時

間が法定労働時間を超えるときには割増賃金の支払い義務が発生することを踏まえて、副業における勤務実績を把握し、割増賃金の支給漏れを防ぐ必要もあります。

💡 押さえておきたい基本事項と留意点

　従業員が副業をするときには、会社との雇用契約以外にも、委託契約や請負契約等の契約形態があり、留意すべき点も異なります。本書のテーマである社会保険および給与計算への影響も契約形態により異なりますが、ここでは「雇用契約」によって副業をすることを前提に解説します。

1 副業時の労働時間の取り扱い

　労働基準法 38 条で「労働時間は、事業場を異にする場合においても、労働時間に関する規定の適用については通算する」と規定されるほか、「事業場を異にする場合」とは事業主を異にする場合も含む（昭 23.5.14　基発 769）ものとされています。

　また、厚生労働省では、「副業・兼業の促進に関するガイドライン」（以下、ガイドライン）を公開し、従業員の労働時間管理や健康管理について会社が行うべき対応を示しています。

2 社会保険の取り扱い
[1] 被保険者資格の取り扱い

　社会保険（健康保険・厚生年金保険）は、適用事業所に勤務する、一定の要件を満たした従業員等が被保険者となります。同時に 2 カ所以上の適用事業所で勤務する場合には、適用事業所ごとに要件を満たすかを判断し、いずれの適用事業所でも要件を満たすときには、両方の事業所で資格の取得手続きを行い、従業員が「健康保険・厚生年金保険所属選択・二以上事業所勤務届」（以下、二以上

勤務届）を年金事務所（事務センター）に提出します。

　この二以上勤務届は、年金事務所または保険者を選択するものであり、被保険者が選択した事業所を管轄する年金事務所（または健康保険組合）がこの被保険者に関する事務を行います。なお、健康保険組合を選択した場合であっても、厚生年金保険の事務は年金事務所が行います。

　二以上勤務届には「選択事業所」と「非選択事業所」の欄があり、健康保険被保険者証は選択事業所のみで発行されます。

[2] 保険料の取り扱い

　二以上勤務届を提出することで、標準報酬月額の決定は、それぞれの事業所の報酬月額を合算して行われ、決定した標準報酬月額による保険料額を、事業所ごとに支払われる報酬に基づき案分して納付します。

　従業員の給与から控除する保険料は、年金事務所（健康保険組合を選択したときの健康保険に関しては健康保険組合）から届く、案分計算された通知に従います。このとき、一方の事業所で随時改定（月額変更）に該当したときには改めて案分計算がされ、その結果、他方の事業所における保険料も変更となります。

３ 雇用保険の取り扱い

　雇用保険の加入要件の原則は、1週間の所定労働時間が20時間以上、かつ、継続して31日以上雇用されることが見込まれることです。同時に2カ所以上の適用事業所で勤務したときには、適用事業所ごとに要件を満たすかを判断し、いずれの適用事業所でも要件を満たすときには、生計を維持するに必要な主たる賃金が支給される事業所でのみ加入します。そのため、従業員の給与から控除する雇用保険料は、雇用保険の被保険者となっている事業所から支給

される賃金のみで算出をし、退職するときに作成する雇用保険被保険者離職証明書も、この事業所で支給していた賃金についてのみ記入します。

　現状は 2 カ所以上の適用事業所で勤務しているときであっても、社会保険のように 2 カ所以上で加入することはないことから、社会保険には加入しているものの、雇用保険には加入しないという従業員が発生することがあります。また、2 カ所以上の適用事業所で勤務している従業員が、雇用保険に加入している事業所を退職（資格を喪失）する一方、他方の事業所で加入要件を満たすときには、この加入要件を満たす事業所で、新たに資格の取得手続きを行う必要が生じます。

　なお、2022 年 1 月 1 日より、2 カ所以上の適用事業所で勤務する 65 歳以上の従業員について、一つの適用事業所においては 1 週間の所定労働時間が 20 時間未満であっても、他の適用事業所もあわせた 1 週間の所定労働時間が 20 時間以上であるときには、本人の希望に基づき雇用保険に加入することができるようになります。

■4 労災保険の取り扱い

［1］ 被保険者資格と給付額

　労災保険には、社会保険や雇用保険のような所定労働時間等による加入要件はなく、2 カ所以上で勤務する従業員は雇用契約を締結するすべての事業所で被保険者となります。

　本業先・副業先のいずれの会社で業務災害や通勤災害が発生しても給付の対象となり、その休業給付や休業補償給付等の額は、災害が発生したときに勤務しているすべての事業所で支給された賃金額を合算した額を基に算出されます。2 カ所以上で勤務している場合で給付の請求をするときには、請求書の「その他就業先の有無」欄に、複数就業先の有無のほか、有の場合にはその事業場数を記入します。

［2］ 通勤災害の適用範囲

　労災保険は業務災害のみでなく、通勤途上で発生した災害により負傷したとき等にも給付が行われます。本業を終えてから副業先に向かう場合のように、一方の就業先から他の就業先へ移動するときに起きた災害に関しても、通勤災害として扱われ、給付の対象となります。事業場間の移動は、「当該移動の終点たる事業場において労務の提供を行うために行われる通勤であると考えられ、当該移動の間に起こった災害に関する保険関係の処理については、終点たる事業場の保険関係で行うものとしている」（平18.3.31　基発0331042）と規定されていることから、例えば、本業を終え、直接副業先に向かう途中でけがをした場合は、副業先での通勤災害として請求を行うことになります。

5 給与計算の取り扱い

［1］ 割増賃金の支払い義務

　1 で説明したとおり、複数の事業所で勤務するときには労働時間は通算され、それが法定労働時間を超えるような労働であれば、割増賃金の支払いが必要となります。割増賃金の支払いは、原則として後で雇用契約を締結した会社に義務が生じます。本業先で雇用契約を先に締結した場合であれば、図表7-1のとおりとなります。

　ここで「原則」と表記した理由は、本業先で「所定労働時間4時間」

図表 7-1　複数の事業所で勤務するときの割増賃金の考え方

■本業先で雇用契約を先に締結した場合

本業先	副業先
所定労働時間 1日6時間	所定労働時間 1日3時間

法定労働時間8時間を超えた、1時間分の割増賃金支払い義務は、副業先において発生する
（6時間＋3時間－8時間＝1時間）

図表 7-2　本業先で割増賃金の支払い義務が発生する例

■本業先・副業先ともに、この従業員の双方の労働時間数を把握している場合

本業先

所定労働時間 1 日 4 時間

副業先

所定労働時間 1 日 4 時間

〈本業先で所定労働時間を超えた（全体として法定労働時間を超えた）場合〉

実際の労働時間 1 日 4 時間	時間外 労働

実際の労働時間 1 日 4 時間

※本業先と副業先の労働時間を通算すると法定労働時間を超えるため、時間外
　労働を命じた［本業先］で割増賃金の支払い義務が生じる

　の雇用契約を締結している従業員が、副業先でも「所定労働時間 4
時間」の雇用契約を締結する図表 7-2 のような例において、本業先・
副業先ともに、この従業員の双方の労働時間数を把握しており、通
算した所定労働時間が既に法定労働時間に達していることを知りな
がら労働時間を延長した場合には、図表 7-2 のように、法定労働時
間を超えて労働させた先が割増賃金の支払い義務を負うことになる
ためです。これらを適正に取り扱うためには、本業先・副業先とも
双方の雇用契約の内容を理解し、実際の労働時間を確実に把握する
必要があります。

　なお、ガイドラインでは、労働時間の申告等や通算管理における
労使双方の手続き上の負担を軽減し、労働基準法に定める最低労働
条件が遵守されやすくなる簡便な労働時間管理の方法として、「管
理モデル」を示しています。副業を許可する場合や既に認めている
場合には、この管理モデルの導入を検討してもよいでしょう。

［2］扶養控除等申告書の提出

　従業員は、その年の最初の給与が支給される日の前日（中途入社
の場合には、入社後最初の給与が支給される日の前日）までに、「給

与所得者の扶養控除等（異動）申告書」（以下、扶養控除等申告書）を会社に提出します。副業により2カ所以上から給与が支給されるときであっても、扶養控除等申告書は1カ所にしか提出できません。

[3] 年末調整の実施

年末調整は、年の途中で退職した従業員（12月中に給与が支給された後に退職する従業員を除く）等、一定の従業員を除き、従業員から扶養控除等申告書の提出を受けた会社が行います。

扶養控除等申告書を本業先・副業先のいずれに提出するかは、従業員が任意に決めることができ、年の途中で扶養控除等申告書の提出先を変更することもできます。変更により扶養控除等申告書が提出された会社では、前の提出先からその変更のときまでに支給された給与と、自社で支給した給与の全部が年末調整の対象となり、その両方の給与と源泉徴収した所得税額をそれぞれ集計することになります（図表7-3）。

なお、図表7-3の「②乙欄の給与」は年末調整に含められないため、年末調整を行ったときであっても、年末調整されなかった給与の収入金額と給与所得および退職所得以外の所得金額との合計額が20万円を超える従業員は確定申告を行う必要があります。

図表 7-3 2カ所以上から給与が支給されている人が年の途中に扶養控除等申告書の提出先を変更した場合の年末調整

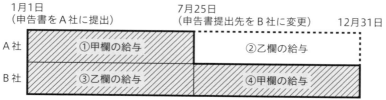

※斜線の部分（①、③および④の合計）が年末調整の対象となる給与。

資料出所：国税庁「令和2年分 年末調整のしかた」

従業員への要説明事項・要手続き事項

　副業を許可制にすることも含め、副業を認めるときには、副業先に関する情報を把握しておくことが重要となります。その方法の一つに図表 7-4 のような副業・兼業申請書の提出を義務づけることが

図表 7-4　副業・兼業申請書（例）

副業・兼業申請書

申請日：　　　年　　月　　日

以下のとおり副業・兼業の申請を行います。

所　属		社員番号		氏　名	
副業・兼業先	会 社 名			電話番号	
	会社所在地				
	契約形態	雇用 ・ 請負（業務委託）等非雇用		契約期間	
	労働日数	毎週（　　　曜日）／週（　　　回）　　　　　　　／1 カ月（　　　日程度）			
	所定労働時　　間	時　　　分 ～ 　時　　　分（1 日　　　時間）			
	所定外労働時間（見込み）	有（1 日　　時間、週　　時間、1 カ月　　時間） ・ 無　　　　※休日労働の時間も含む。最大の時間数が定まっている場合はそれぞれ（　）で記載。			
	業務内容				
	備　考				
確 認 事 項		□上記の内容に変更があった場合、速やかに届け出ます。　　□上記の内容について、会社の求めがあった場合には、あらためて届け出ます。　　□所定の方法により、必要に応じて副業・兼業先における実労働時間を報告するなど、会社の労務管理に必要な情報提供に協力します。			

※労働日数や所定労働時間は、その内容が記入されたカレンダーを別途添付する方法も可能。

図表 7-5 副業・兼業実績報告書（例）

副業・兼業実績報告書（　　年　　月分）

副業・兼業の実績を以下のとおり報告します。

所　属		社員番号		氏　名	
副業・兼業先会社名		（契約形態：雇用・請負（業務委託）等非雇用）			
報告期間	月	日　～	月		日の実績
月間労働日　　数	日	月間労働時間数			時間
当社との合算で1日8時間を超えて働いた日				有　・　無	
当社との合算で1週40時間を超えて働いた日				有　・　無	
事前の届け出と異なる業務実施の有無				有　・　無	
現在の健康状態					

※1日8時間・1週40時間を超える労働時間があったときには別途、副業・兼業先のタイムカード等の勤怠状況が分かるものを添付してください。

考えられます。この書式は、厚生労働省が公開するひな型「副業・兼業に関する届出」を基にアレンジしたものです。

さらに、割増賃金の適正な支払いや過重労働の防止といった面から、事前の申請のみならず、図表 7-5 のような副業・兼業実績報告書の提出を求めることも考えられます。

今後のために〜整備・対応しておくべき事項

副業に対する考え方は会社ごとに異なり、冒頭で掲げたようなさまざまな影響も考えると、副業の許可に関して結論を出すことに慎重となる会社もあるでしょう。一方で、副業に関心が高まっている

からこそ、採用時に副業先の有無（入社後、2社以上で働くことになるか否か）や、副業の予定について確認をしたり、就業規則の記載内容を点検し、必要に応じて見直しをしておきたいものです。

　副業を認めるのであれば、厚生労働省が公開するモデル就業規則が参考になるほか、より詳細な内容とするために図表7-6のような副業・兼業取扱規程を設けることも考えられます。これらの例も参考にしながら、副業をめぐる環境を整備することが必要です。

図表 7-6　副業・兼業取扱規程（例）

副業・兼業取扱規程

（目的）
第1条　この規程は、従業員が副業・兼業を行う際の許可等に関する取り扱いに関して定めたものである。

（副業・兼業の定義）
第2条　この規程において副業・兼業とは、当社と雇用契約を締結している期間において、次の各号の一の状態に該当することを指す。
　①他の事業者の役員等に就任し、または従業員として雇用契約を結んだり、営利を目的とする業務に従事すること
　②自ら営利を目的とする事業を営むこと

（副業・兼業の許可）
第3条　従業員は、前条に掲げる副業・兼業を行おうとするときは、あらかじめ所定の様式により申請し、会社の許可を受けなければならない。
2　前項の許可を受けるときには、副業・兼業に当たる労働日・労働時間等に関する資料を添付し、「副業・兼業申請書」〈編注：図表7-4〉により、副業・兼業先の情報を届け出なければならない。
3　会社は「副業・兼業申請書」の内容および申請書を届け出た従業員の過去の勤務成績や勤務評価に基づき、副業・兼業を行うことにより当社の業務に支障がないと判断したときは、副業・兼業を許可する。

（副業・兼業を許可しない場合）
第4条　会社は、従業員が、次の各号のいずれかに該当する場合は、副業・兼業の許可をしないものとする。
　①副業・兼業のために時間を割くことによって、職務の遂行に支障を来すおそれがあると判断したとき

②副業・兼業による心身の疲労のため、職務の遂行上その能率に悪影響を与えると判断したとき

③副業・兼業先の事業者に雇用されることによって、または当該事業者または業務に従事することによって、会社の名誉を汚したり、信用を失墜すると判断したとき

④副業・兼業により企業秘密が漏洩する可能性があると判断したとき

⑤副業・兼業により会社の利益を害することがあると判断したとき

⑥その他会社が副業・兼業の許可をすべきでないと判断したとき

（実績報告）

第5条　副業・兼業を行う従業員は、少なくとも1カ月に1度、副業・兼業の実績を所定の様式〈編注：図表7-5〉により報告しなければならない。

2　会社は必要に応じ、臨時で副業・兼業の実績の報告を従業員に求めることがある。従業員は求めに応じて速やかに報告しなければならない。

（所得税・社会保険等の適正な手続き）

第6条　副業・兼業を行う従業員は、副業・兼業により発生する所得税の納付義務をはじめとした、法律上の義務を適正に履行しなければならない。

2　副業・兼業を行う従業員は、副業・兼業を行うことにより発生する社会保険に関する手続きに最大限協力しなければならない。

（許可の取り消し）

第7条　従業員が第3条の規定により副業・兼業の許可を受けた後、第4条の規定に該当した場合、副業・兼業の許可を取り消すものとする。

　　　付則

この規程は、　　年　　月　　日より施行する。

永年勤続表彰制度の導入を検討しているが……

Q Ｔ社では勤続年数が長くなる従業員が増えたこともあり、人材定着策の一つとして永年勤続表彰制度の導入を検討しています。表彰状を贈るほか、勤続10年経過ごとにお祝い金（報奨金）を支給したり、記念品を贈ったり、特別有給休暇に加えて旅行券を渡したりするという案が挙がっています。制度を導入することに伴い、何か留意する点はあるでしょうか……。

A 永年勤続表彰制度を導入するときには、どの程度の勤続年数を表彰の対象とするのかや、金品を贈るときの内容を決める必要があります。特に金品を贈るときには、社会保険や所得税の取り扱いを確認しましょう。運用するに当たっては、永年勤続表彰規程を整備しておくことをお勧めします。

💡 これだけは押さえたい！

　永年勤続表彰は対象となる従業員を他の従業員の前で表彰するほかに、特別有給休暇を付与したり、何らかの金品（金銭や現物）を贈ることも多くあります。

　特別有給休暇は、直接的な金銭の支給や現物の支給とは異なり、社会保険や所得税において報酬や賃金、給与として扱う必要はありません。一方、報奨金や記念品、旅行券などの金品については、社会保険の報酬や賃金として扱われたり、給与所得として課税の対象になったりすることもあるため、手続き方法を確認しておく必要があります。

1 社会保険の取り扱い

　社会保険（健康保険・厚生年金保険）で報酬や賞与（あわせて「報酬等」という）は、「労働者が、労働の対償として受けるすべてのもの」であり、労働の対償として経常的かつ実質的に受けるもので、被保険者の通常の生計に充てられるすべてのものを含みます。一方、「事業主が恩恵的に支給するものは労働の対償とは認められないため、原則として『報酬等』に該当しない」として、見舞金や結婚祝い金、餞別金は報酬等に含まないこととされています（日本年金機構「標準報酬月額の定時決定及び随時改定の事務取扱いに関する事例集」。以下、事例集）。

　永年勤続表彰の一環として支給する報奨金については、この事例集に明確な記載はないものの、日本年金機構の疑義照会「報酬について」（平 22.5.7　2010-320）では、「『勤続○○年の報奨金を出すケース』が報酬に該当するか」という照会に対し、平成 18 年 9 月 29 日に出された、下記の社会保険審査会の裁決（以下、裁決）を参考として判断する旨の回答がなされています。

　勤続 10 年に達した従業員に対し、勤続 40 年に達するまで 10 年ごとに表彰し、「表彰品」、「表彰金」（12 万〜 24 万円）、「永年勤続特別休暇」（5 日）を付与するこの裁決では、表彰金は下記①〜③であるとして「『労働者が労働の対償として受けるもの』あるいは『労働者の通常の生計に充てられるもの』に該当するとすることは相当でない」と判断しています。

①一定の勤続年数に達した者を永年勤続者とし、職種、労務の内容に関係なく、一律に支給するものとされており、
②永年勤続者の表彰は会社の創立記念日に行われ、該当者には

> 心身のリフレッシュを図る目的で 5 日間の特別休暇が与え
> られ、休暇付与に伴う資金援助の性質を持つものとして本件
> 表彰金が支給されるとされており、
> ③支払われる金額も社会通念上いわゆるお祝い金の範囲を超え
> るといい難い

　また、賞与に該当するかという判断においては、「勤続年数 10
年毎を区切って与えられるものであり、定期的であるといっても、
このような長期間にわたるものまで、法が『3 月を超える期間ごと
に受けるもの』に含めているとも解し難い」ことから、この表彰金
は賞与に該当しないとしています。

　報酬等に該当するか否かの判断は、最終的には事案ごとになされ
るものですが、上記の裁決で示されているような勤続 10 年ごとに
社会通念上妥当な額の報償金を支給するのであれば、社会保険にお
ける報酬等に含めなくてもよいものと判断してよいでしょう。

　また、記念品を支給することについて、その内容によっては現物
給与として報酬等に含まれる可能性はあるものの、その記念品の価
額が社会通念上妥当な範囲であれば、上記の裁決により「労働者が
労働の対償として受けるもの」あるいは「労働者の通常の生計に充
てられるもの」ではないと判断し、報酬等には含めなくてもよいも
のと考えることができるでしょう。

2 労働保険の取り扱い

　労働保険における賃金とは、事業主がその事業に使用する労働者
に対して、賃金、手当、賞与、その他名称のいかんを問わず、労働
の対償として支払うすべてのものをいいます。「賃金とするもの」
と「賃金としないもの」の具体的例示が厚生労働省からなされており、
「賃金としないもの」の一つに「勤続褒賞金」がありますが、永年

勤続表彰における報奨金はこれに該当することから、労働保険にお
いて賃金として扱う必要はないと判断できます。

その他、記念品を現物給与として賃金に含めるかという問題が発
生します。これについて、食事や被服（制服や作業服）、住居の利
益は賃金に含まれるものの、その他の現物給与については、公共職
業安定所長が具体的に定めるところによるとされており、この際の
判断は、原則として「法令又は労働協約に支払いの定めがあるもの」
について指定することになっています。最終的には、個別に管轄の
ハローワークに確認することが必要ですが、勤続褒賞金と同様の目
的であれば、そもそも労働の対償として支給されるものではないと
判断される可能性が高いと考えられます。

なお、食事や被服、住居の利益は就業規則や労働協約等の定めの
有無にかかわらず賃金として扱うことになっており、勤続褒賞金は
就業規則や労働協約等の定めの有無にかかわらず賃金としないもの
とされています。

3 所得税の取り扱い

[1] 表彰金の支給

従業員に支給する給与や賞与は、一定の通勤手当など非課税とし
て扱われるものを除き、給与所得として課税の対象となります。永
年勤続表彰は、通常、従業員に対する福利厚生の一環として実施さ
れる位置づけですが、支給される金銭等を非課税として扱う定めが
ないことから、表彰金については課税の対象になります。

なお、永年勤続表彰と比較的意味合いが類似する以下の二つは、
非課税となる「特殊な給与等」として扱われています。

［結婚祝金品等］

雇用契約等に基づいて支給される結婚、出産等の祝金品は給与等
とされるが、その金額が支給を受ける人の地位などに照らして社会

通念上相当と認められるものであれば、課税されない。

［葬祭料、香典、見舞金］

　葬祭料や香典、災害等の見舞金は、その金額が社会通念上相当と認められるものであれば、課税されない。

［2］ 旅行券の支給

　例えば、永年勤続表彰として会社が旅行を企画し、永年勤続者を招待するときは、原則としてこの旅費等は課税の対象になりません。

　一方、このケースの場合でも支給される旅行券が、有効期限がなく、換金性もあり、実質的に金銭を支給したことと同様に扱われるようなものであれば、原則として課税されます。

　ただし、以下の要件を満たしている等、実質的に金銭を支給したことと同様と認められない場合には、課税しなくて差し支えないとされています（国税庁 タックスアンサー「No.2591　創業記念品や永年勤続表彰記念品の支給をしたとき」）。

⑴旅行の実施は、旅行券の支給後 1 年以内であること。

⑵旅行の範囲は、支給した旅行券の額からみて相当なもの（海外旅行を含む）であること。

⑶旅行券の支給を受けた者が当該旅行券を使用して旅行を実施した場合には、所定の報告書に必要事項（旅行実施者の所属・氏名・旅行日・旅行先・旅行社等への支払額等）を記載し、これに旅行先等を確認できる資料を添付して会社に提出すること。

⑷旅行券の支給を受けた者が当該旅行券の支給後 1 年以内に旅行券の全部又は一部を使用しなかった場合には、当該使用しなかった旅行券は会社に返還すること。

なお、詳細は割愛しますが、新型コロナウイルス感染症が拡大している影響を鑑みて、この旅行券の使用および会社への報告期間を延長する場合には給与課税しなくても差し支えない取り扱いが、国税庁の文書回答事例「新型コロナウイルス感染症の影響により、永年勤続表彰の記念品として支給した旅行券の使用に係る報告期間等を延長した場合の課税上の取扱いについて」（2020年12月14日）で示されています。

[3] 記念品の支給

　永年勤続表彰として記念品を支給することもありますが、次の要件をすべて満たしているときには、給与として課税しなくてもよいことになっています。ただし、本人が自由に記念品を選択できる場合には、その記念品の価額が給与所得として課税されることになります。

(1)その人の勤続年数や地位などに照らして、社会一般的にみて相当な金額以内であること。
(2)勤続年数がおおむね10年以上である人を対象としていること。
(3)同じ人を2回以上表彰する場合には、前に表彰したときからおおむね5年以上の間隔があいていること。

4 給与計算における留意点

　ここまで確認したように、報奨金を支払う場合、社会保険や労働保険では報酬や賃金の対象外とする一方で、所得税では給与所得に含める必要があるというように、制度によって取り扱いが異なります。

　給与計算をするときには、このような違いに対応できるように給与計算ソフト（システム）の設定の確認や変更をする必要があります。

💡 従業員への要説明事項・要手続き事項

　永年勤続表彰制度を設けることは、多くの従業員から賛同を得られるものと思いますが、休暇制度を設けたときには「忙しくて休暇が取れない」、旅行券を支給するときには「そもそも旅行が好きではない」、記念品を支給するときには「自分にとっては不要な品だ」という意見が出ることがあります。

　すべての意見を吸い上げて制度をつくることは難しいものですが、永年にわたり貢献している従業員を会社は大切に考えていることが伝わることを前提に、従業員の意見を反映しつつ制度を設けることを検討してもよいかもしれません。

💡 今後のために～整備・対応しておくべき事項

　永年勤続表彰制度の導入は法令で定められているものではなく、会社が任意で設けるものです。それゆえ、制度を明確にしないことにより、社会保険や労働保険、所得税の取り扱いが曖昧になり、後日、年金事務所等の調査で指摘を受ける可能性もあることから、一定のルールをつくって運用する必要があります。

　それには、図表7-7のような永年勤続表彰規程を作成して運用することが考えられます。

　旅行券を支給する場合には、旅行券を利用しなかったときの所得税の取り扱いを追記したり、旅行券を使用して旅行したときには報告書や証明書類の提出を義務づけるといった規定を追加して運用するとよいでしょう。

永年勤続表彰規程

（目的）

第1条 この規程は、当社で長期にわたり精勤してきた従業員が、心身をリフレッシュし活性化することおよび従業員の家族への慰労等の機会を与えることにより、今後の日常生活および勤務に新たな活力をもって臨むことができるようにすることを目的として、休暇および報奨金の付与について適正な運用を定めることを目的とする。

（適用範囲）

第2条 この規程の対象者は、正規従業員、契約社員、パートタイマーおよびアルバイトとし、定年後再雇用する嘱託社員には適用しない。

（対象者）

第3条 対象者は入社後満10年以上勤続した者とし、10年単位で表彰を行うものとする。

（勤続年数）

第4条 勤続年数の算定は以下のとおりとし、1カ月未満の端数が出た場合は、切り上げるものとする。

①対象者は入社日を起算日とし、毎年○月○日現在における勤続年数により決定する。

②就業規則に定める休職期間については、勤続年数に通算しない。

③育児・介護休業規程に定める育児休業期間および介護休業期間については、勤続年数に通算しない。

（永年勤続表彰休暇および報奨金）

第5条 永年勤続表彰休暇および報奨金は、次の表のとおりとし、毎年○月に支給する。

勤続年数	休暇日数	報奨金
10年	○日	○○○○○円
20年	○日	○○○○○円
30年	○日	○○○○○円
40年	○日	○○○○○円

（休暇の取得期間および取得方法）

第6条 休暇の取得期間は○月○日より1年間とし、対象者からの取得申請に基づき、各部門ごとに調整の上、取得するものとする。ただし、休暇は連続して取得するものとし、分割での取得は認めない。

（休暇の活用）

第7条　休暇を取得する社員は、当該休暇の意義をよく理解し、これを有意義に活用しなければならない。

（休暇中の賃金の取り扱い）

第8条　休暇中の給与の取り扱いは有給とし、会社は従業員に対し通常勤務したときに支払う賃金を支給するものとする。ここでの通常勤務したときに支払う賃金とは、従業員が年次有給休暇を取得したときに支払う賃金額と同様とする。

（欠勤との相殺の禁止）

第9条　休暇を、欠勤した日と相殺することは認めない。

（取得権の消滅）

第10条　第6条に定める休暇の取得期間中に取得しなかった休暇の取得権は消滅するものとする。

（その他）

第11条　休職期間中の従業員、育児休業および介護休業を取得している従業員等について、本制度の趣旨にあわない場合は、個別に事情を勘案して別の取り扱いをすることがある。

　　　付　則

この規程は、　　　年　　月　　日より施行する。

【著者紹介】

宮武貴美（みやたけ たかみ）

社会保険労務士法人 名南経営
特定社会保険労務士・産業カウンセラー
中小企業から東証第1部上場企業まで幅広い顧客を担当し、実務に即した人事労務管理のアドバイスを行う。インターネット上の情報サイト「労務ドットコム」のメイン執筆者であり、人事労務分野での最新情報の収集・発信は日本屈指のレベル。社会保険労務士事務所1,500事務所が加入する日本人事労務コンサルタントグループ（LCG）のコンテンツ作成担当でもある。
著書に『こんなときどうする!? 社会保険・給与計算 ミスしたときの対処法と防止策30』（労務行政）、『書類・様式名からすぐ引ける 社会保険の手続きがひとりでミスなくできる本』『新版 総務担当者のための産休・育休の実務がわかる本』（共に日本実業出版社）などがある。

監修　税理士法人 名南経営

社会保険労務士法人 名南経営　ホームページアドレス
https://www.roumu.co.jp/
労務ドットコム　ホームページアドレス
https://roumu.com/

カバー・本文デザイン／ISSHIKI
印刷・製本／日本フィニッシュ株式会社

こんなときどうする!? PART2
社会保険・給与計算 "困った"に備える見直し・確認の具体例20

2021年3月28日 初版発行
2023年3月25日 初版2刷発行

著　者　宮武貴美
発行所　株式会社 **労務行政**
　　　　〒141-0031 東京都品川区西五反田3-6-21
　　　　　　　　　住友不動産西五反田ビル3階
　　　　TEL：03-3491-1231　FAX：03-3491-1299
　　　　https://www.rosei.jp/

ISBN978-4-8452-1395-5
定価はカバーに表示してあります。
本書内容の無断複写・転載を禁じます。
訂正が出ました場合、下記URLでお知らせします。
https://www.rosei.jp/store/book/teisei